GERRY GAVIN

La Présence des ANGES

UNE HISTOIRE VRAIE

ARIANE

Éloges

« ***La présence des anges*** est un livre chaleureux et sincère qui offre à chaque lecteur une compréhension plus vaste, des solutions créatives et, surtout, un espoir dans l'avenir. Il illumine le large éventail de l'esprit humain ! »

– **Lee Woodruff**, collaboratrice de rédaction pour l'émission *This Morning* sur CBS ; coauteure à succès du *New York Times*, avec Bob Woodruff, pour l'ouvrage intitulé *In an Instant* ; auteure de *Perfectly Imperfect* et auteure à succès du *New York Times* pour le roman *Those We Love Most*

« Un guide concis et facile pour stimuler l'éveil spirituel. Ce livre a quelque chose à offrir à chacun d'entre nous ! »

– **Anthony Mrocka**, rédacteur en chef du magazine *Evolving Soul*

« Bravo Gerry Gavin ! c'est du solide. Lisez ***La présence des anges*** pour ses mots d'espoir et de rajeunissement. Vous vous rendrez compte que vous n'êtes pas seul à traverser les triomphes et les périls de la vie – qu'il vous suffit de demander. »

– **Ariel et Shya Kane**, auteurs à succès et récipiendaires de nombreux prix pour l'ouvrage *How to Have a Match Made in Heaven: A Transformational Approach to Dating, Relating and Marriage*

« ***La présence des anges*** trouvera de nombreux échos chez les lecteurs car ce livre révèle de nouvelles voies dont ils ne soupçonnaient même pas l'existence. »

– *Sedona Journal of Emergence*

« J'ai été témoin de la façon dont Gerry canalisait les profonds messages de Margaret tout en enseignant aux autres comment communiquer avec leurs propres anges. Il est tout à fait authentique ! Et il communique ces vérités d'une manière si paisible, si gentille… J'ai adoré ce livre et je sais qu'il en sera de même pour vous ! »

– **Karen Noe**, médium et auteure de *Through the Eyes of Another: A Medium's Guide to Creating Heaven on Earth by Encountering Your Life Review Now*

« Gerry Gavin est un homme d'une grande intégrité animé d'une profonde sagesse. Je suis convaincu que ***La présence des anges*** s'imposera comme une ressource essentielle pour tous ceux qui recherchent la guérison, l'espoir et une direction à suivre dans ce monde moderne. »

– **Martin Boroson**, auteur de *One-Moment Meditation: Stillness for People On The Go*

« Des thématiques habituellement considérées comme difficiles à comprendre me sont apparues d'une grande simplicité lorsqu'elles étaient expliquées par Margaret. Je me suis souvent dit : "Tout cela me semble maintenant très logique." Ce livre est inspirant et lumineux. Il apporte une véritable compréhension de qui nous sommes, de notre destination finale et de ce que nous faisons sur terre… Je crois qu'il aidera ceux qui le liront à voyager en paix. Un grand livre ! »

– **T Love**, animateur de l'émission *Energy Awareness*, BlogTalkRadio

« ***La présence des anges*** est un livre merveilleux, vraiment merveilleux ! Je n'ai pas pu le refermer. Si vous êtes prêt à ouvrir votre cœur et à libérer votre esprit, vous serez convié à un voyage d'exploration, de vision et de sagesse. Grâce aux enseignements de Margaret, vous serez véritablement relié à votre moi supérieur et pourrez œuvrer activement à l'épanouissement de votre âme. »

– **Dr Pat Baccili**, animateur de l'émission *Dr. Pat Show* et concepteur de *Transformation Talk Radio* sur BBS Radio / Voice of America

Titre original anglais : Messages from Margaret

1217, av. Bernard O., bureau 101, Outremont, Qc, Canada H2V 1V7
Téléphone : 514 276-2949, télécopieur : 514 276-4121
Courrier électronique : info@editions-ariane.com
Site Internet : www.editions-ariane.com

Traduction : Frédérick Letia
Révision : Monique Riendeau

Graphisme et mise en page : Carl Lemyre
Illustration de la couverture : Carl Lemyre

Première impression : février 2017

ISBN : 978-2-89626-405-6

Dépôt légal :
Bibliothèque et archives nationale du Québec 2017
Bibliothèque nationale du Canada 2017
Bibliothèque nationale de Paris 2017

Diffusion
Québec : Flammarion Québec – 514 277-8807
www.flammarion.qc.ca
France et Belgique : D.G. Diffusion – 05.61.000.999
www.dgdiffusion.com
Suisse : Servidis/Transat – 22.960.95.25
www.servidis.ch

Gouvernement du Québec – Programme de crédit d'impôt
pour l'édition de livres – Gestion SODEC

Membre de l'ANEL

Nous reconnaissons l'appui [financier]
du gouvernement du Canada.

Canada

Imprimé au Canada

« L'âme, à son plus haut, se trouve en Dieu,
mais un ange donne une plus juste idée de Lui.
Voilà ce qu'est un ange : une idée de Dieu. »

– Maître Eckhart

« Un ange peut illuminer l'intelligence
et l'esprit de l'homme, fortifiant sa vertu et mettant
à sa portée la vérité pure que lui-même contemple. »

– Saint Thomas d'Aquin

Table des matières

Pour Gail Lisa…

mon amour, mon amie et ma grande inspiratrice.

Je suis toujours ton plus grand fan !

Ce livre n'aurait pu voir le jour sans toi.

Préface

Écrite avec amour et gratitude pour un grand ami et un ange très spécial dans ma vie, Gerry Gavin.

En tant que ministre interconfessionnel œuvrant auprès des familles, j'ai eu la joie et le privilège de connaître Gerry et de travailler avec lui durant de nombreuses années. Nous avons partagé plusieurs expériences dans notre implication, tant personnelle que professionnelle, auprès de familles de notre communauté. Lorsque j'ai appris qu'il avait écrit ce livre à la demande pressante de Margaret, son ange gardien, j'ai su que cet ouvrage serait à son image, c'est-à-dire unique et profondément vrai. Gerry n'a pas peur de chercher, de poser des questions, de douter, et de demeurer candide face à ses explorations et à ses défis. Pourtant, c'est en relevant chacun d'entre eux qu'il a atteint les sommets rarement égalés de l'expérience et de l'expression.

Dans *La présence des anges*, il décrit son propre cheminement dans cette relation… puis il nous entraîne dans une quête de vie spirituelle plus intense, une réalité aisément accessible à tous ceux qui sont prêts à creuser profondément pour trouver plus de force et davantage de signification. La candeur qu'il exprime en doutant de telles connexions angéliques, un produit de son imaginaire ou une simple fuite en avant, met immédiatement les lecteurs à l'aise, ce qui les autorise ensuite à s'ouvrir à l'expansion de leurs pensées, de leur foi et des possibilités qui leur sont ainsi offertes.

Durant les années où j'ai exercé mon ministère auprès des familles, j'ai souvent donné aux personnes que je conseille ou avec lesquelles je travaille d'adorables petits anges sculptés à la main par les artisans de Bali, l'île où je réside. Qu'ils soient croyants ou opposés à la religion aucun d'eux ne m'a jamais dit : « Non merci. Reprenez-le ! » Tous voulaient avoir leur ange car dans ce symbole ils reconnaissaient l'espoir, la bonté et le Divin dans une forme dépourvue de dogmes, de doctrines et de théologies, mais emplie d'amour, de soutien et de ces mots que nous associons tous aux anges : « N'ayez pas peur. » Ce désir de communication entre les humains et le Divin se retrouve dans toutes les religions et théologies, où les anges et les messagers ont souvent servi d'intermédiaires et ont eu pour mission d'apporter l'orientation, le soutien, l'espérance, le réconfort, la perspective et l'encouragement. La communication entre les humains et le Divin est renforcée lorsque nous finissons par comprendre que nous, enfants de Dieu, sommes semblables au Créateur, soit divins par essence.

Dans *La présence des anges*, Gerry Gavin nous relate le parcours qui lui a permis d'établir le contact avec sa divinité intérieure. Grâce à Margaret, à leur correspondance et leurs conversations, il commence à accepter, à comprendre et à apprendre du Divin qui réside en lui, nous révélant cette connexion et la partageant avec chacun de nous.

Ce travail très éloquent et honnête est une lecture que je recommande vivement à tous ceux qui souhaitent étendre et déployer leur vie. Ce guide propose de nouvelles manières de propager la vérité ; il nous convainc que nous ne sommes pas des humains en quête d'une expérience spirituelle, mais plutôt des êtres spirituels vivant une expérience humaine. Nous sommes par essence les véhicules et les vaisseaux par lesquels le Divin peut s'exprimer et révéler plus au monde. Pour nous ouvrir, nous devons d'abord chasser les préjudices, les doutes et la peur… tout en demeurant dans la présence du Divin. Puis, en utilisant les outils pratiques proposés dans ce livre, nous devons développer spirituellement nos yeux, nos oreilles, nos cœurs et nos esprits, balayer nos doutes, comme l'a fait Gerry, et entrer de plain-pied dans le domaine des possibilités spirituelles, guidés par nos anges. Gerry, merci pour ce merveilleux voyage dans le monde de l'esprit. Un grand merci également à Margaret, qui a su partager avec nous en considérant nos contraintes humaines d'un point de vue illimité et en se fondant uniquement sur une perspective de bonté, de lumière, de pouvoir et d'amour.

Puissions-nous tous trouver cette vérité pour ensuite la partager avec d'autres. Comme disent les anges : « N'ayez pas peur ! » Lisez et allez de l'avant !

– Révérend Gregory L. Johnson

Fondateur de Care for the Family Caregiver Initiative

Boursier et ancien élève à l'Académie de médecine de New York

Aumônier bénévole à la NYPD Gay Officers Action League

Chapitre 1

Shaman malgré lui

C'était comme dans les films – des objets qui se déplacent, des voix, des apparitions, des températures variant de plus de dix degrés à l'intérieur d'une même pièce, et un brouillard stationnaire en haut de l'escalier ou descendant lentement le long des marches. À dire vrai, c'était absolument terrifiant!

Bien qu'à l'époque je n'en ai pas eu conscience, l'écriture de ce livre remonte en fait à l'année 1990, lorsque j'ai déménagé avec Gail, ma colocataire, dans une maison qui très vite s'avéra hantée. Jusqu'alors, je n'avais été exposé qu'à des phénomènes psychiques des plus élémentaires – une impression de déjà-vu, parfois une vague prémonition de qui allait téléphoner ou nous rendre visite. Ce que je découvris alors était d'une nature radicalement différente. C'était comme dans les films – des objets qui se déplacent, des voix, des apparitions, des températures variant de plus de dix degrés à l'intérieur d'une même pièce, et un brouillard stationnaire en haut de l'escalier ou descendant lentement le long des marches. À dire vrai, c'était absolument terrifiant!

Pendant longtemps, j'ai évité d'aborder le sujet avec Gail, craignant d'être le jouet de mon imagination. Jusqu'au jour où, n'en pouvant plus, je me suis confié à elle. Gail me révéla alors avec un immense soulagement qu'elle aussi voyait et sentait des choses, mais refusait de m'en parler par crainte d'apparaître un peu folle à mes yeux.

Comme Gail venait tout juste d'acheter la maison, il était hors de question de déménager. Nous décidâmes alors de faire tout ce qui était en notre pouvoir pour comprendre ce qui pouvait produire de telles manifestations. Nous nous mîmes donc à lire des livres, à en parler au pasteur de notre paroisse (qui se rendit chez nous pour bénir la maison du bas des marches avant de s'enfuir en courant), et finalement à faire appel à des médiums – en qui j'avais peu confiance.

J'avais également mentionné ce que nous vivions à un ami proche, qui nous fit une suggestion assez bizarre. En thérapie depuis un certain temps, il avait récemment rencontré une thérapeute qui était aussi une médium de talent. Selon lui, ses dons naturels dynamisaient les séances de thérapie qu'il suivait. L'idée me sembla digne d'intérêt. En effet, cette dame utilisait ses capacités psychiques innées et multigénérationnelles tout en les combinant avec ses compétences professionnelles acquises dans le domaine de la psychologie, ce qui, à mes yeux, la rendait à la fois crédible et susceptible de nous aider.

Lorsque je téléphonai à cette thérapeute/médium pour lui exposer la situation, elle me coupa d'emblée et me demanda ce qui se passait dans notre maison avant même que j'aie pu terminer ma phrase. Puis elle organisa une cérémonie qui, selon elle, devait débarrasser la maison de ces manifestations surnaturelles. Elle m'expliqua que la technique de la canalisation (*channeling*) a pour finalité d'ouvrir l'esprit afin de recevoir des informations en provenance de différentes sources spirituelles, un peu à la manière des artistes, musiciens et écrivains qui souvent se disent inspirés par leur « muse ». Elle ajouta que trois personnes devaient pratiquer la même cérémonie en trois occasions distinctes, c'est-à-dire à des heures et des jours différents. C'est ainsi que Gail, ma fille Melissa et moi-même nous sommes astreints à cet exercice. Je dois avouer que je n'y croyais pas beaucoup, du moins jusqu'à ce que la cérémonie ait lieu. Nous savions que, pour l'essentiel, nous devions procéder à une sorte d'exorcisme. Mais nous n'étions aucunement conscients de ce qui allait se produire. Le système d'alarme se déclenchait à tout bout de champ sans raison, les portes se refermaient d'elles-mêmes, et derrière les portes closes nous pouvions entendre le bruit des tiroirs qui s'ouvraient et claquaient avec fracas. Nous devions aussi lire lentement un texte inscrit sur de grandes cartes aide-mémoire préparées à cette fin car les mots qui jaillissaient de nos bouches étaient parfois confus et incompréhensibles. En entendant les coups violents qui s'abattaient contre les murs, nous ressentions, au fond de nous, un profond sentiment de malaise – en fait, tout cela semblait destiné à nous effrayer et nous inciter à abandonner. Si nous avions été locataires, je crois sincèrement que nous aurions pris le premier bus en partance et quitté la ville, mais il s'agissait de notre maison. Nous étions donc résolus à nous battre et nous n'avons jamais abandonné. Au terme de la troisième cérémonie, tout le monde eut le sentiment que quelque chose avait changé dans cette maison. Tous, sauf moi ! Je me sentais physiquement exténué, au point qu'il ne subsistait plus en moi la moindre parcelle d'énergie. J'avais aussi la sensation étrange d'avoir été quelque peu transformé par cette expérience. Bref, je ne me reconnaissais plus.

Peu avant la dernière cérémonie, Gail ressentit le besoin de me donner des piles AA et me suggéra de les mettre dans la poche de ma chemise. Sans savoir pourquoi, elle avait l'intuition que c'était important. Après la cérémonie, en portant la main à ma poche, j'ai constaté que les piles avaient en partie fondu. Et durant les trois semaines qui suivirent, ma seule présence produisit le même effet sur trois batteries automobiles.

Comme tout cela devenait un peu onéreux, j'ai rappelé la thérapeute/médium pour comprendre ce qui se passait. Elle me demanda si j'avais bien suivi sa recommandation d'acheter une boussole et de me tenir le dos tourné vers le nord durant la cérémonie. Après lui avoir confirmé que j'avais suivi ses instructions à la lettre, elle m'expliqua que toute l'énergie spirituelle négative qui avait déserté la maison m'avait littéralement traversé en sortant. Et elle ajouta qu'elle avait choisi de ne pas mentionner ce phénomène car elle était sûre que si elle m'en avait informé avant j'aurais pu ne pas me sentir assez confiant (bonne supposition) et que, par conséquent, j'aurais sans doute décidé de ne rien faire (supposition encore plus pertinente). Elle poursuivit en affirmant qu'elle avait perçu en moi la protection et la force spirituelle nécessaires pour survivre à cette énergie et qu'apprendre à la reconnaître m'aiderait ultérieurement dans mon travail. Elle me confia aussi que, dans les deux années à venir, j'allais rencontrer une personne appelée à changer radicalement ma vie et à m'entraîner dans une nouvelle direction et un nouveau «partenariat». Selon elle, cette confrontation avec les occupants indésirables de notre maison avait constitué une bonne expérience. Je dois reconnaître qu'elle avait tout à fait raison.

Cependant, à cet instant précis de ma vie, le fait d'avoir vécu cette expérience m'avait convaincu d'une chose : jamais plus je n'accepterais de m'engager dans une activité concernant les flux énergétiques, les esprits, les cérémonies ou les médiums. En aucune manière!

À l'automne de 1991, sur l'insistance de Gail, nous prîmes la décision de suivre les cours d'une école de massothérapie.

Gail envisageait un changement de carrière et je tenais à m'assurer un revenu supplémentaire appréciable. Conseillère et enseignante de grande qualité, notre professeur était une excellente massothérapeute traditionnelle, mais très vite nous comprîmes qu'elle possédait des connaissances dépassant largement le strict cadre de sa pratique. En tant que guérisseuse interculturelle ayant appris auprès de guérisseurs autochtones dans différents pays, elle tenait à sensibiliser ses élèves aux diverses méthodes de guérison ancestrales. Bien que je me sois promis de ne plus jamais m'aventurer dans la sphère du surnaturel, je me sentais de plus en plus attiré par le récit de ces expériences merveilleuses. Fasciné par le travail des shamans autochtones, je me mis donc à étudier avec d'autres professeurs, puis avec ceux-là mêmes qui les avaient initiés, découvrant ainsi tous les aspects positifs que les humains peuvent développer en s'ouvrant et en revendiquant pleinement leur lien spirituel, porteur d'autonomisation et de responsabilisation.

Deux ans jour pour jour après que la médium de notre maison hantée eut fait sa prédiction, j'ai rencontré mon ange, Margaret.

Comme la plupart des expériences spirituelles marquantes, cette rencontre a eu lieu à un moment de complet abandon personnel. Je vivais alors une période très trouble de ma vie et j'avais conscience de la nécessité absolue d'une réorientation et de conseils décisifs pour surmonter cette épreuve. À cette époque, j'avais développé une grande habileté dans la mise en œuvre de pratiques shamaniques et j'entrais souvent en contact avec des guides spirituels et des animaux de pouvoir. Bien que n'ayant jamais rencontré d'anges, je savais d'instinct qu'il s'agissait d'une étape que je devais franchir. Ne sachant trop que faire, je m'adressai à voix haute à l'ange qui, je l'espérais, était là en train de m'écouter : « Si je connaissais votre nom, je saurais trouver la façon de vous parler ! » Lorsque je fermai les yeux, tout devint blanc, semblable à un écran de cinéma, et le mot Margaret commença à apparaître. J'ouvris les yeux puis je les refermai. Le mot était toujours là. J'eus alors la pensée suivante : Margaret, quel drôle de nom pour un ange... À vrai dire, je m'attendais à autre chose, à un nom ayant une consonance plus céleste. C'est alors que le mot unique barrant l'écran disparut. En lieu et place, le mot Margaret, qui désormais se formait de lui-même, était maintenant décliné dans tous les caractères possibles et imaginables... encore et encore... occupant tous les espaces disponibles de l'écran qui défilait devant mes yeux fermés. Fort perturbé, j'ouvris à nouveau les yeux. N'étant pas très emballé par le nom Margaret, je posai une nouvelle fois la question et refermai les yeux. L'écran était à présent noir comme la nuit et de nouveau le nom apparut, cette fois en lettres blanches sur fond noir et dans tous les caractères possibles et imaginables.

Finalement, je rouvris les yeux, convaincu que l'ange que je cherchais si ardemment avait bel et bien pour nom Margaret ! Durant les années qui ont précédé cet événement, je m'étais familiarisé avec divers types de communication spirituelle et, pour une raison quelconque, l'écriture automatique me parut en cet instant précis la méthode la plus adaptée pour communiquer avec Margaret. La technique est extrêmement simple et efficace. Le principe de base consiste à écrire une lettre au guide spirituel que vous avez choisi. Il peut s'agir du Créateur, à la manière de Neale Donald Walsch dans ses fameux tomes de *Conversations avec Dieu*, d'un cher disparu ou encore, dans mon cas, d'un ange et ami de fraîche date. Il faut rédiger la lettre en demandant conseil, comme si vous vous adressiez à la personne la plus aimante que vous connaissez. Puis, et c'est là la partie la plus délicate, vous devez vous écrire une lettre en guise de réponse. Dans cette lettre, où vous vous adressez à vous-même, vous devez vous imaginer que la réponse vient de quelqu'un qui vous aime profondément et désire ce qu'il y a de mieux pour vous. Pour ce faire, vous devez laisser l'écriture couler librement.

Avant ma rencontre avec Margaret, je n'avais jamais eu recours à ce type d'exercice qui me paraissait quelque peu ridicule. En effet, il me semblait que si j'écrivais une lettre à laquelle je répondais par la suite, j'obtenais à l'évidence les réponses que je désirais le plus entendre. Pourtant, lorsque je me mis à écrire ma première lettre à Margaret, je me rendis compte que cette supposition était fort éloignée de la réalité. Je traversai alors une période fort éprouvante. Ma relation de couple battait de l'aile, l'argent se faisait rare et il me semblait que chaque jour de ma vie équivalait à un pas en avant et trois pas en arrière. J'écrivis donc à Margaret en lui demandant pourquoi ma vie était si compliquée, pourquoi ma relation de couple ne fonctionnait pas, et pourquoi il était si difficile de progresser.

J'ai commencé cette lettre par « Chère Margaret » et je l'ai conclue par « Avec amour, Gerry ». Ensuite j'ai rédigé la réponse en débutant par « Cher Gerry ». J'ai fermé les yeux un moment, j'ai pris une profonde respiration et j'ai commencé à écrire. La réponse débuta par une phrase que je n'aurais jamais songé à utiliser et pourtant cette formule de politesse constitue l'amorce des milliers de lettres que j'ai reçues de Margaret : « Salut, très cher, et bienvenue. » À partir de là, je me mis à écrire plus rapidement que d'habitude. Le message était si différent de ma formulation usuelle et de mon mode de pensée que je ne pus m'empêcher de lire ces mots avec fascination, comme s'ils étaient écrits par quelqu'un d'autre. Je dois reconnaître que la vision qui émanait de ce texte, c'est-à-dire les sentiments et les émotions de la personne avec qui je correspondais, était bien plus perspicace, sensible et gentille que celle qui m'animait à l'époque. La gentillesse que Margaret manifestait envers moi me persuada qu'il n'était plus nécessaire que je me blâme en permanence de ne pas pouvoir aider tout le monde en même temps, ce que je m'efforçais de faire en toutes circonstances. Néanmoins, dans cette lettre où elle n'exprimait ni jugement ni reproche, Margaret pointait clairement du doigt ma responsabilité quant à ma manière de créer et de réagir à mes propres expériences. J'ai écrit sans pouvoir m'arrêter, et finalement j'ai conclu la lettre par une formule qui depuis est devenue sa signature caractéristique : « Va en paix. Avec Amour. Margaret. »

J'ai dû relire cette lettre une centaine de fois, et chaque fois j'étais frappé par l'amour et la vision qu'elle offrait. Pourtant, je n'étais pas réellement convaincu que ce qui venait de se produire n'était pas le fruit de mon imagination. J'ai donc décidé de vérifier la validité de l'information qu'elle m'avait transmise. Margaret m'avait éclairé sur les raisons qui poussaient des personnes de mon entourage à réagir d'une certaine manière. Ce faisant, elle avait proposé une interprétation aimable, délicate et attentionnée justifiant leurs comportements, une approche que je n'avais jamais prise en considération auparavant. Lorsque j'ai appelé mes proches pour leur demander ce qu'ils éprouvaient réellement, à ma grande surprise je me suis rendu compte qu'après le choc initial ils réagissaient avec émerveillement, se demandant comment j'avais pu percevoir aussi intuitivement ce qu'ils ressentaient. Bien que cette expérience m'ait permis d'élever ma compréhension, je dois admettre que j'étais pétrifié à l'idée de devoir révéler que cette information émanait de quelqu'un avec qui je correspondais – et qu'il s'agissait d'un ange nommé Margaret.

J'ai continué à écrire à Margaret, sur une base quasi quotidienne durant la première année. Très vite, j'ai compris que bien qu'elle pût m'aider par ses avis et ses observations, elle se refusait à prédire le futur car, en agissant ainsi, elle aurait nui à l'expression de mon libre arbitre en créant la réalité à ma place. Cependant, elle pouvait m'aider à comprendre les actions les plus productives que je devais entreprendre pour créer la vie à laquelle j'aspirais. Je me suis aussi rendu compte qu'elle avait un fabuleux sens de l'humour et une étonnante capacité à disséquer les concepts les plus complexes pour les réduire à des faits et des réflexions sommaires que je pouvais facilement comprendre. Ce sens de l'humour se manifesta le jour où je lui demandai : « Pourquoi moi ? Qu'ai-je donc de si spécial pour avoir le privilège de parler à un ange ? » Dans sa réponse, elle me confirma que je n'avais rien de spécial et qu'heureusement les gens se rendraient vite compte que si je pouvais parvenir à cela, n'importe qui le pourrait aussi ! Plus tard, elle m'expliqua que même si elle avait du plaisir à échanger avec moi, ce qu'elle voulait exprimer n'avait rien à voir avec le fait que je sois spécial ou pas, mais bien plutôt avec le fait que chacun d'entre nous est égal dans sa capacité à communiquer avec les anges et le Créateur. Après cela, elle éleva notre relation à un autre niveau en m'indiquant que le temps était venu pour moi de partager ses messages avec d'autres personnes. Jusqu'alors, je n'avais partagé les messages de Margaret qu'avec quelques amis proches et certains membres de ma famille. Par ailleurs, l'idée de sortir du « placard psychique » était vraiment effrayante. Comment les gens allaient-ils réagir ? Que se passerait-il si l'information que je leur transmettais leur apparaissait totalement absurde ? Sans doute me considéreraient-ils comme un charlatan et le fait de prétendre parler à des anges ferait de moi non seulement un charlatan, mais aussi un détraqué. Margaret me rassura en me disant que tout se passerait bien. Le jour suivant, par la plus grande des coïncidences, je reçus l'appel d'un ami qui connaissait Margaret et qui me suggéra d'entrer en contact avec une de ses connaissances, une médium très talentueuse qui pourrait me conseiller sur la meilleure façon de partager cette expérience avec autrui. Je suis donc allé rendre visite à cette médium et, à ma grande surprise, lorsque je me mis à lui raconter mon histoire, au lieu de m'offrir son avis elle me demanda si j'accepterais de faire une séance pour elle. Ma main tremblait tandis que j'écrivais les réponses de Margaret à ses questions. Je ne savais pas trop comment elle réagirait aux informations que je recevais, car certaines d'entre elles évoquaient des zones d'ombre où elle créait elle-même les conflits qui la préoccupaient. Il n'en fut rien. Les réponses lui apportèrent une compréhension qu'elle n'avait jamais atteinte auparavant. De plus, elle fut touchée par la gentillesse des avis qui lui étaient prodigués. Immédiatement après, elle téléphona pour programmer un rendez-vous le lendemain même avec deux médiums réputés qui, à leur tour, pourraient bénéficier chacun d'une telle séance.

Je n'ai pas fermé l'œil de la nuit. Certes, j'étais heureux d'avoir pu lui transmettre une information utile, mais je n'avais pas imaginé un instant qu'elle me mettrait en contact avec des gens qui jouissaient d'une longue expérience et étaient reconnus pour l'exactitude de leurs prédictions. Je compris alors qu'il s'agissait d'un test et j'eus la certitude que j'échouerais. Lorsque les médiums se présentèrent à son domicile, j'ouvris la conversation en leur expliquant que je n'étais pas un médium et qu'aller de l'avant n'était peut-être pas une bonne idée. Ils me rassurèrent en affirmant qu'ils n'étaient pas venus là pour me mettre à l'épreuve, mais plutôt pour que je leur transmette des informations susceptibles de les aider. Ils m'expliquèrent aussi que, bien que les médiums puissent s'entraider, parfois ils sont si proches de leurs problèmes et de leurs questionnements qu'ils ne peuvent les considérer clairement et, qu'en conséquence, ils les colorent souvent de leurs propres émotions. Comme lorsque vous ne pouvez distinguer les arbres de la forêt. Je connais bien ce sentiment.

Ces deux séances se déroulèrent remarquablement bien. Les trois médiums qui y avaient participé mentionnèrent le fait qu'ils souhaitaient désormais m'envoyer des gens. De nouveau, je tins à préciser que je n'étais pas un médium, mais les demandes se mirent néanmoins à affluer, et ce, à un point tel que je dus bientôt me résoudre à écrire chaque mois les messages que Margaret adressait à plusieurs personnes. Un jour, une de ces séances prit une tournure particulière lorsque Margaret aida un client à communiquer avec sa mère, morte presque un an auparavant. À présent, il n'est pas rare que des gens viennent me visiter pour renouer contact avec des personnes chères, passées de vie à trépas.

Au fil du temps, j'ai acquis plus de confiance en ces séances, encouragé par l'incroyable aptitude de Margaret à toucher l'esprit et l'âme des gens, et ce, quelle que soit la situation. Environ un an plus tard, Margaret formula une nouvelle requête. À son avis, le temps était venu pour moi de passer à une autre étape en créant un système permettant d'enseigner aux autres ce que nous pratiquions tous les deux. Elle me demanda de créer un atelier qui inciterait les gens à s'ouvrir à la communication angélique ainsi qu'à d'autres formes de communication. Pour ce faire, je devais utiliser les talents que j'avais déjà développés. « Fais ce que tu fais le mieux ! », disait-elle.

L'atelier qui fut ainsi créé est désormais connu sous le nom de « Anges et shamans ». Il offre une combinaison de musique originale, d'exercices énergétiques, et d'un rêve éveillé dirigé. Grâce à cet atelier, des centaines de participants ont reçu le nom de leur ange et ont pu converser avec lui pour la première fois. L'atelier fut inauguré en 1994, et depuis j'ai poursuivi dans cette voie et je me suis consacré à la rédaction de « lettres d'anges » tout en enseignant aux gens comment communiquer directement avec leurs partenaires angéliques.

À la fin de l'année 2010, Margaret formula une autre requête. Elle m'enjoignit de compiler un livre issu de ses messages afin d'aider ceux qui vivent sur terre à comprendre la vraie nature de leur être et la raison pour laquelle les années qui viennent seront si déterminantes pour l'avenir de l'humanité. J'ai donc commencé à écrire ce livre en 2010 et il a évolué au fil des mois, en fonction des événements affectant la planète. Le processus de rédaction fut pour moi une expérience inoubliable. En effet, lorsque vous canalisez l'information, vous écrivez et lisez le livre en même temps. Quand je me suis lancé dans l'écriture de cet ouvrage, une de mes bonnes amies m'a avoué son impatience de le lire, et ma réponse spontanée fut : « Moi aussi ! »

Sauf indication contraire, tous les chapitres qui suivent sont des messages que Margaret m'a envoyés et que j'ai scrupuleusement consignés. Souvenez-vous que ces messages proviennent d'une dimension où l'on ne juge pas, ce qui vous permettra d'appréhender votre vie dans une perspective bien plus large. En révisant ce texte, je me suis rendu compte que Margaret souhaitait accomplir trois objectifs : dissiper les mythes qui nous ont été inculqués et qui nous privent du pouvoir personnel que la vérité nous apporte ; illustrer certaines des vérités les plus fondamentales et les plus incomprises sur la nature humaine, l'esprit et le Créateur ; et enfin dévoiler des techniques très précises à utiliser pour nous projeter – par le corps, l'âme et l'esprit – dans une vie qui nous apportera la plus grande joie possible en tant qu'individus et habitants de cette planète.

Un des grands enseignements que j'ai retirés de la rédaction de cet ouvrage – j'espère qu'il en ira de même pour vous – a été la mise en perspective et la compréhension des expériences que j'ai vécues. Aujourd'hui, je peux voir avec clarté en quoi toutes les décisions que j'ai prises ont affecté ma vie. Je peux voir aussi comment elles ont créé mes forces et mes défis. La différence, c'est qu'après l'écriture (et la lecture) de ce livre, j'ai pu ressentir le pouvoir que nous possédons tous et combien, en réalité, nous sommes proches du Créateur de toutes choses. J'ai appris également que nous sommes tout près des anges, qui eux-mêmes sont tout près de l'intelligence infinie qui a créé ce que nous connaissons, et que nous sommes tous reliés à cette source unique. À présent, mon but est de continuer à expérimenter de nouvelles manières de puiser au mieux et en abondance dans la réserve infinie d'amour, d'énergie et de sagesse que nous portons tous en nous, et de partager cette information avec chacun de vous.

Merci de vous joindre à moi pour ce voyage.

Gerry

Chapitre 2

Touché par un ange

Si vous ouvrez votre esprit aux concepts abordés dans ce livre, je vous assure que votre vie en sera radicalement transformée !

Salut, très chers, et bienvenue. Je suis un ange. Je ne dis pas cela au sens figuré, mais au sens propre ! J'existe depuis bien avant ce que vous nommez l'origine du temps. Je suis l'un de ceux qui sont apparus en premier lorsque le Créateur s'est déployé pour créer l'univers que nous connaissons aujourd'hui. Les anges ont été conçus comme des cocréateurs afin de révéler et de séparer la lumière de l'obscurité, la chaleur du froid, et toutes les créatures qui peuplent la Terre, les mers et les cieux. Si vous deviez vous représenter le Créateur comme le premier dirigeant de la création, vous pourriez à juste titre nous considérer comme ses adjoints. L'essence spirituelle du Créateur s'est scindée en des millions d'entités intermédiaires dont le rôle est d'exécuter Sa vision en déployant Son essence, et ce, pour l'éternité. Nous avons assumé, quasi instantanément, notre rôle de protecteurs, de messagers, de créateurs, de muses, ainsi que la voix de l'harmonie sereine et universelle. Mon nom est Margaret, mais j'ai porté bien d'autres appellations au fil des siècles. Depuis la nuit des temps, je me suis exprimé par l'entremise de nombreuses voix humaines, chacune d'elles réverbérant mon message de paix, de joie et de non-jugement. Au début des années 1990, j'ai commencé à parler à Gerry. Comme il l'a indiqué précédemment, il ne parvenait pas à comprendre ce qui le qualifiait pour communiquer avec des anges. Il n'était pas particulièrement impliqué dans une communauté religieuse ni ne possédait les vertus spirituelles d'un saint homme. Au contraire, il était profondément humain et il manifestait des qualités très caractéristiques de son espèce. En fait, c'est son appel qui m'a conduit vers lui. Sa vie allant mal, il me demandait de lui venir en aide, puis, à son tour, il me posa une question que l'on nous pose rarement : « Que puis-je faire pour vous aider ? » Certes, Gerry avait étudié afin de développer ses aptitudes à la communication spirituelle et d'être réceptif aux messagers spirituels, mais ce furent son abandon et l'acceptation de son égarement ainsi que son souhait de me connaître qui l'ont incité à me parler. Ainsi la porte fut ouverte.

Je peux aisément imaginer vos objections : « Cela ne peut pas être aussi facile » ou « Si cela était vrai, nous pourrions tous communiquer avec les anges ». Eh bien, vous avez raison ; chacun de vous peut parler aux anges. La finalité de ma relation avec Gerry, et de ce que nous avons accompli depuis que nous nous sommes rencontrés, est de transmettre ce message à chacun d'entre vous.

Vous pouvez tous communiquer avec les anges, de même qu'ils peuvent tous vous entendre !

En ce moment crucial de l'histoire de l'humanité, les anges s'efforcent de tendre la main au plus grand nombre de gens sur cette planète. C'est aussi ce que j'ai choisi de faire par l'intermédiaire de ce livre et du blogue Messages de Margaret, des pages Facebook et de tout autre type de communication que j'ai demandé à Gerry de partager. Ces technologies représentent les modes de communication les plus populaires. Nous nous employons à transmettre ces messages à des millions et des millions de destinataires qui, eux aussi, souhaiteraient communiquer avec leurs anges – ceux-là mêmes qui ont participé à leur création et qui vibrent intensément à l'intérieur de leurs âmes.

Vous nous connaissez déjà. Vous nous avez déjà parlé à maintes reprises. Nous sommes la douce voix intérieure qui vous pousse à vérifier votre indicateur de niveau d'essence quand le réservoir de votre voiture est presque vide. Nous sommes la voix de la muse qui stimule votre créativité, ou celle qui vous murmure que la vie peut offrir plus que ce à quoi vous vous êtes résigné. Nous sommes la voix qui vous enjoint d'être reconnaissant en vous rappelant ce que la vie vous a apporté. Et la voix qui vous ramène à la maison lorsque sonne l'heure du trépas. Nous sommes la voix tranquille qui sommeille à l'intérieur de votre âme.

La parution de ce livre, qui aurait été tout aussi pertinente quelques décennies auparavant, est particulièrement importante aujourd'hui. Et ce, pour une simple raison : de nos jours, l'énergie mondiale est gangrénée par l'énergie omniprésente de la peur. Cette peur est en train de corrompre les économies du monde qui, pour fonctionner de façon optimale, doivent être porteuses d'une vision positive du futur. Les investissements sont évalués d'après leur valeur monétaire alors qu'en fait ce sont des rêves, des rêves d'avenir fondés sur les meilleures données disponibles pour se concrétiser. La peur omniprésente se traduit par une incapacité à entrevoir des perspectives favorables et par un manque total de confiance en d'heureux lendemains. Mais l'économie n'est pas le seul domaine affecté par l'incertitude de la peur. Partout dans le monde, une multitude de voix s'élèvent pour exprimer leur désillusion et leur insatisfaction grandissante à l'égard des dirigeants. Les gens sont conscients de ce qui se passe autour d'eux. Ils sont de plus en plus nombreux à se révolter pour exiger plus de justice et d'équité et pour sommer les dirigeants d'œuvrer pour le bien commun.

Devant un tel sentiment d'impuissance, chacun de nous implore ardemment l'assistance de quelqu'un, ou de quelque chose, qui pourrait lui venir en aide. Cela n'a rien de nouveau. Tout au long de l'histoire, les anges ont toujours répondu à un tel appel et sont apparus à tous les types d'humains en leur offrant invariablement le même message : celui de ne pas avoir peur. Nous ne disons pas cela par crainte que les gens à qui nous apparaissons aient peur de nous; en fait, nous irradions une énergie que la plupart d'entre vous estimeraient apaisante et rassurante. Le message vous priant de chasser vos peurs doit être compris dans son intégralité. La peur est une émotion polarisante qui mène à l'inertie et au déclin. Mais ce n'est pas seulement une émotion; c'est une énergie globale très puissante.

Ceux qui lisent ce livre le font parce qu'ils cherchent à comprendre où ils en sont dans leur vie et à donner un sens à ce qui se passe dans le monde.

Cet ouvrage a été conçu afin de vous aider à comprendre trois choses : qui vous êtes, d'où vous venez, et comment prendre le contrôle positif et aimant du chemin que vous empruntez.

Nombre d'entre vous jugeront tout à fait judicieuses les idées développées dans ce livre, alors que d'autres n'y verront que sujets à controverse ou s'estimeront atteints dans leurs croyances.

Si vous ouvrez votre esprit aux concepts abordés dans ce livre, je vous assure que votre vie en sera radicalement transformée! En effet, il est impossible pour vous d'embrasser la réalité de votre véritable essence sans que cette prise de conscience crée autour de vous une énergie différente, laquelle induira par voie de conséquence une réalité plus forte et plus heureuse. Tandis que vous lirez ce livre, l'énergie mondiale évoluera d'une façon telle que lorsque vous aurez terminé la dernière page, votre nouvelle manière de penser interviendra à point nommé.

Paix et amour pour tous,

Margaret

Chapitre 3

Le mythe de la création

Aujourd'hui, pour la première fois dans notre histoire, il est possible qu'une partie importante de l'humanité comprenne qu'elle a la capacité de créer *réellement cette vie.*

Pour comprendre où vous allez et comment y parvenir, il est nécessaire, dans un premier temps, de connaître vos origines. Je commencerai donc par le début en illustrant la genèse de la création, car ces prémices constituent la clé de tout ce qui nous réunit en cet instant crucial de notre histoire.

Certains d'entre vous sont convaincus que l'humanité se dirige tout droit vers l'aube d'Armageddon, une fin appropriée pour une société ayant conçu des armes capables de détruire une vaste majorité des formes de vie présentes sur cette planète.

D'autres croient fermement aux prophéties religieuses annonçant la seconde venue du Christ, selon laquelle le Créateur enverra Son Fils sur la Terre afin de juger les vivants et de détruire ceux qui ne méritent pas de vivre sur cette planète, n'épargnant que les individus susceptibles de créer un monde de paix et d'humanité.

Il y a aussi ceux qui considèrent que la Terre, proche du point de rupture, déversera bientôt un torrent de catastrophes naturelles qui la remodèleront à un point tel qu'elle en sera méconnaissable.

Puis il y a ceux qui sont persuadés que des extraterrestres viendront sur terre pour transmettre leur sagesse et partager leurs connaissances afin d'instaurer des systèmes novateurs favorisant la réduction de production de carbone et sauvant la planète d'une extinction éventuelle.

Si tant d'informations et d'opinions divergentes circulent, pourquoi alors aurais-je demandé à Gerry d'écrire ce livre? Eh bien, tout simplement parce que la possibilité existe que tout ce qui est évoqué ci-dessus se réalise… ou ne se réalise pas… car la destinée ultime de la planète est entre vos mains, cher lecteur, et entre les mains de ceux sur lesquels vous pouvez exercer votre influence.

Il n'y a aucune erreur ou faute d'impression. Si vous avez été attiré par ce livre, vous avez choisi d'être une clé de la survie de cette planète, de la survie de vos amis et de ceux et celles que vous aimez. Mais avant que vous ne décidiez d'interrompre votre lecture, effrayé par le poids d'une telle responsabilité, permettez-moi d'aborder ouvertement un point très important. Vous êtes déjà impliqué dans le processus de prise de décision qui conditionne le destin de notre planète. En vérité, chaque personne vivant sur la Terre est responsable de sa destinée ultime.

Le fait que vous soyez un décideur ne dépend pas de votre façon de voter, de votre implication sociale ou politique, ni de vos actions ou de votre inaction. Vous êtes un décideur pour une seule raison : votre façon de penser. C'est cette pensée originelle qui a permis à la création de devenir réalité, et ce même pouvoir repose entre les mains de chaque habitant de cette planète. Cela fait de vous quelqu'un d'aussi puissant que le président des États-Unis ou que le roi ou le dirigeant de n'importe quel pays ou n'importe quelle fédération de pays.

Aujourd'hui, pour la première fois dans notre histoire, il est possible qu'une partie importante de notre humanité comprenne qu'elle a la capacité de *créer* réellement cette vie. Quand Jésus disait : « Cela et plus encore vous accomplirez », il signifiait aux humains que chacun avait la possibilité de réaliser des miracles. Il alla même plus loin en disant que le pouvoir de leur conscience leur conférait celui de faire encore plus que ce qu'ils avaient accompli. C'est votre pensée individuelle combinée à la pensée individuelle d'autrui, dans un processus nommé loi de résonance magnétique, qui interagit naturellement et constitue le fondement de toute création.

On a enseigné à bon nombre d'entre vous qu'au commencement il n'y avait que les ténèbres. Selon cette théorie, le Créateur a donné naissance à l'univers en pensant tout d'abord à ce qu'Il voulait créer. Cette croyance est fort bien exprimée par la formule : « Que la lumière soit. » Ce mythe a prévalu durant des siècles, mais en vérité, au commencement de toutes choses il n'y avait que la pensée, et cette pensée existait sous la forme d'une lumière pure et omniprésente qui constituait l'origine de la *charge magnétique positive*.

Cette charge, qui existait dans le jardin des délices et dans un état de conscience pure, cherchait à se déployer et à partager sa conscience, ce qui a correspondu à la naissance du pouvoir de la pensée consciente. Mais, pour se déployer, le Créateur s'était rendu compte qu'Il devait mettre cette énergie en mouvement et qu'Il avait besoin, pour ce faire, d'un pôle opposé, d'une charge négative qui permettrait la création de la matière et de l'antimatière – des particules de création finies qui, plus tard, seront désignées sous l'appellation d'« atomes » ou de « cellules ». Le Créateur contracta cette énergie sous une forme petite et dense, créant ainsi la première fusion.

L'explosion d'énergie qui en résulta, que certains appellent le big bang, entraîna l'apparition de la matière et de l'antimatière, des charges négatives et positives, de l'obscurité et de la lumière. Bien que différentes, toutes les particules étaient interreliées au Créateur et émanaient de Son essence.

De nouveaux êtres surgirent alors de Sa pensée originelle et ainsi s'amorça le processus de ce qui est aujourd'hui connu sous le nom de création. Les premiers êtres qui apparurent furent les anges ; je suis d'ailleurs très honorée d'être l'un des premiers à avoir vu le jour sous cette forme. Certains furent des produits de la matière positive et d'autres de la matière négative, certains furent des êtres de lumière et d'autres ne purent se connecter à cette lumière. De concert avec les pensées du Créateur, ces anges, qui procédaient de Sa conscience, continuèrent à créer. De la sorte, un univers entier apparut, offrant un équilibre parfait entre les choses lumineuses et les choses obscures. Mue par une charge négative et une charge positive, la résonance magnétique permet à l'univers de se perpétuer par la force d'attraction de ces pôles opposés.

Ces créatures du jour et de la nuit furent créées et existèrent ainsi… jusqu'à ce que l'humanité découvre le feu et se rende compte que sa lumière et sa chaleur lui permettaient de vivre la nuit dans un état de veille. Nous sommes parvenus au terme d'une ère obscure, et l'humanité est appelée à découvrir une autre forme de lumière qui changera l'avenir du monde.

Tout ce qui existe est donc relié au Créateur, qui est à l'origine de la pensée ayant donné naissance à la création. Après la création des anges, le Créateur partagea avec nous Son dessein pour le reste de l'univers. Puis les anges, à leur tour, poursuivirent ce processus et donnèrent naissance au niveau suivant, celui des esprits, lesquels étaient destinés à peupler tout ce qui devait découler de ce processus. Vous êtes ces esprits. Désormais, je vous désignerai en employant les termes suivants : esprit entier, âme ou moi supérieur. Nous sommes reliés les uns aux autres et au Créateur par des brins de molécules, connus sous l'appellation ADN. L'ange qui vous a créé a aussi aidé à créer des milliers et des milliers d'autres humains, ainsi que des plantes, des pierres et d'autres créatures qui toutes partagent avec vous ce lien commun de la création. Ce qui vous relie à cet ange fait de lui votre protecteur ou votre ange gardien. Vous faites partie de la conscience de cet ange, tout comme vous faites partie de la conscience du Créateur, et tous les êtres vivants partagent ces pensées dans une conscience universelle et collective. De même qu'il n'y a pas deux flocons de neige identiques, aucun esprit entier ne ressemble à un autre.

Ce qui vous rend si unique, c'est votre capacité à continuer à inventer et à vous réinventer sans cesse par votre propre pensée créative. C'est un peu comme lorsque vous préparez un plat ou confectionnez un gâteau. Chaque ingrédient a sa propre saveur, ses propres qualité et texture. Mais en les combinant en des quantités et des assemblages différents, nous créons des saveurs entièrement nouvelles qui ont un goût unique. Pourtant, tout a commencé avec les mêmes ingrédients – comme ce fut le cas pour la création. En conséquence, si nous acceptons le fait qu'un œuf aura un goût différent si nous ajoutons du fromage ou le nappons d'une sauce épicée, alors de même que nous pouvons ajouter des ingrédients à notre nourriture, nous pouvons aussi ajouter certains éléments à notre vie par nos décisions et par les choses auxquelles nous pensons et qui nous tiennent à cœur.

Dans la plupart des cultures, tous s'accordent à dire que la meilleure façon de raconter une histoire ou de transmettre une vérité ne peut se faire que par l'intermédiaire d'une personne ayant été témoin oculaire de cette histoire ou de cette vérité. Les anges sont et ont été les témoins de la création et de tout ce qui a suivi. Nous ne prétendons pas juger la manière dont l'histoire ou l'humanité a évolué. Nous n'aspirons qu'à témoigner, dans le vrai sens du terme. Nous faisons partie de vous au même titre que vous faites partie de nous, et ensemble nous pouvons œuvrer avec le Créateur dans un monde de création entièrement nouveau.

CHAPITRE 4

Le mythe de la séparation

Si nous acceptons le fait que l'humanité a pour origine une énergie singulière et si cette énergie est à la source de toutes choses, alors il est logique que la création dans son ensemble soit, à un niveau ou à un autre, reliée et connectée.

Comme nous l'avons souligné dans le chapitre précédent, tout ce qui existe procède de la même source, le Créateur. Modelées par les anges, les manifestations les plus diverses de cette énergie originelle, qui ont évolué au fil des incarnations, sont toujours restées interconnectées. Toutes les créatures sont reliées entre elles par ce noyau commun, mais chacune est par essence différente. Sans cette essence originelle, il n'y aurait pas de créations uniques et vous désireriez tous les mêmes choses – la même nourriture, la même musique, le même Dieu. Le Créateur a choisi de se déployer en favorisant l'éclosion d'êtres disposant de multiples capacités, ce qui signifie que les possibilités de création continue sont infinies. Cependant, afin de créer sans cesse de nouvelles expressions de la volonté du Créateur, les humains s'incarnent selon divers scénarios. Les histoires qui ponctuent votre existence ont été décrites comme des temps de vie par de nombreux systèmes de croyances. Pour mieux comprendre ce concept, pensons au tournage d'un film. L'histoire a un début, un milieu et une fin. Si l'histoire décrit la vie ou les luttes d'une personne, ou d'un groupe de personnes, elle se déroulera durant une période de temps bien définie. Parfois il y aura des suites, de façon que nous puissions savoir ce qu'il adviendra de ces personnages dans le futur, ainsi que des prologues qui nous dévoileront l'origine de ces personnages et peut-être même leur histoire familiale.

Maintenant, imaginez un instant que vous avez enregistré votre film favori – vous disposez du prologue, de l'histoire principale et des suites – et que vous décidez d'effectuer une avance rapide. Ce faisant, vous pourriez avoir une vague idée du processus de création, qui explose et se déploie dans l'univers. En effet, vous pourriez visionner simultanément de nombreuses histoires interconnectées reflétant une réalité perçue en des temps différents. Il en va de même pour le mot univers, qui, selon l'étymologie, découle du latin *universum* et est formé de *uni*, qui signifie « un », et de *versum*, qui veut dire « mot, phrase ou composante d'une histoire plus large ». En résumé, l'univers de la création est une histoire unique composée de nombreuses parties interconnectées visant un but commun et toutes reliées à la pensée originelle dont elles sont issues.

Chaque élément de la création participe du dessein d'expansion du Créateur, et nous recourons au mot histoire, ou plutôt à *notre histoire*, pour définir le passage du temps. Notre histoire a pour origine la pensée de l'histoire, une pensée qui s'est transmuée en énergie générant une gigantesque boule de feu qui a ensuite implosé et s'est fragmentée en un million de petits moi, tout comme les cellules se divisent lorsque les humains donnent la vie, une vie nouvelle naissant de l'informe, surgissant du néant.

Imaginons maintenant qu'une forme de vie proche de l'intelligence infinie est créée et que cette forme de vie est essentiellement spirituelle. Elle serait consciente de sa nature infinie et aurait une vision claire de sa mission, soit diffuser la parole et la pensée originelle du Créateur. Cela correspond à la description du processus de création des anges. À partir de ce premier niveau de conception, l'univers fut créé et les diverses incarnations de toutes les créatures commencèrent alors à apparaître. Au fur et à mesure que nos créations se matérialisaient, croissaient et interagissaient, nous nous sommes efforcés de les améliorer. Le même processus a été à l'œuvre lorsque la race humaine s'est développée. Votre nature spirituelle parfaite s'est physiquement incarnée en une multitude de corps et d'histoires. Vous avez appris comment naviguer au mieux à l'intérieur de ces différentes formes, comment grandir par le pouvoir de la pensée et comment vivre pleinement la polarité de votre essence. Chacun de vous a été successivement bon et mauvais, minéral et végétal, mâle et femelle, et cette longue évolution semble aujourd'hui s'être produite en un clin d'œil.

L'essence de votre énergie, votre moi spirituel ou ce que certains appellent votre moi supérieur, est séparée de toutes vos formes humaines mais reliée à celles-ci. Elle vous observe en tout temps et dans toutes vos histoires. Dans ce chapitre, j'emploierai d'ailleurs le mot histoire plutôt que les mots incarnation ou vie. Je procèderai ainsi car vos vies successives constituent votre propre récit créatif, qui s'inscrira ensuite dans un ensemble plus vaste, une grande anthologie renfermant votre histoire.

C'est réellement ce que l'on pourrait entendre par le temps si l'on cherchait vraiment un moyen de le mesurer. En vérité, la vie est une histoire qui ne peut se résumer à une addition d'aubes et de crépuscules. Vous vivez et méditez sur vos vies, sur les suites de vos vies, sur le prologue de vos vies, et vous étudiez l'ensemble afin d'avoir une meilleure compréhension de votre longue histoire. Et dans la conscience collective, ces histoires sont partagées afin que chacun puisse expérimenter la richesse de la vie.

Vous rendez-vous compte à quel point l'art traditionnel du récit, que toutes les cultures ont développé, correspond profondément à notre nature spirituelle ? Toutes les cultures transmettent des fables, des légendes, des paraboles et des mythologies qui, en raison de notre source commune, présentent de grandes similarités. Le psychologue Carl Jung a exploité ce concept afin de développer ses théories sur l'analyse comportementale et l'inconscient collectif. Il a abondamment décrit les expériences pouvant affecter, à son insu, les motivations et la prise de décision d'un individu, ce qu'il appelle l'inconscient personnel. Il a également décrit les expériences qui affectent les schémas de pensée de l'humanité dans son ensemble, ce qu'il qualifie d'inconscient collectif. Jung a forgé le mot « inconscient » en constatant que les patients qu'il recevait n'avaient aucunement conscience que ces schémas de pensée affectaient leur comportement. Cependant, d'un autre point de vue, je dirais que c'est la pensée rationnelle de l'individu physique qui constitue vraiment l'inconscient, car il n'est pas sensibilisé à l'existence d'une perspective plus vaste, ce que perçoit pleinement le soi spirituel conscient. Il est intéressant de remarquer que vous avez inventé le mot conscience, permettant essentiellement d'établir la distinction entre le bien et le mal. Toutefois, si vous étudiez son étymologie, vous constaterez que ce mot, qui découle du latin *conscientia*, est formé de *con*, qui signifie « aller contre », et de *scientia*, qui veut dire « connaissance ». Par conséquent, le mot conscience pourrait être interprété ainsi : « Aller contre ce que vous savez et comprenez rationnellement. » Cette définition est pertinente si vous considérez que l'humanité évolue dans un état d'inconscience dans lequel la conscience peut être atteinte à condition d'adopter une perspective plus large.

Si nous acceptons le fait que l'humanité a pour origine une énergie singulière et si cette énergie est à la source de toutes choses, alors il est logique que la création dans son ensemble soit, à un niveau ou à un autre, reliée et connectée. Au-delà de la race, du lieu de résidence ou des croyances religieuses, vous êtes tous issus de cette substance originelle. Nous avons aidé le Créateur à faire en sorte que la pensée de l'univers devienne réalité. C'est également ce que vous faites et nous vous assistons dans cette tâche lorsque vous réclamez notre aide. Cette théorie de la connexion ou de la relation profonde que l'humanité entretient en son sein et avec l'environnement n'est pas nouvelle. Elle s'exprime depuis des siècles et constitue l'essentiel de l'enseignement de nombreux prophètes. Si tel est le cas, pourquoi l'humanité a-t-elle autant de mal à l'accepter ? Pourquoi les humains ressentent-ils le besoin de se croire meilleurs que d'autres ? Pourquoi prétendent-ils que leur religion est meilleure que d'autres ou que leur race est supérieure à d'autres ? La réponse est bien plus simple que vous ne pourriez l'imaginer. Chaque créature a besoin, à un certain niveau, de se sentir reliée à son Créateur. L'essence du Créateur est pur amour et la plupart de ceux qui ont vécu une expérience de mort imminente racontent comment ils sont entrés dans la lumière et ont éprouvé un sentiment d'amour et de chaleur qu'ils n'avaient jamais ressenti auparavant. Les humains gardent la trace intacte de cet état dans le secret de leur mémoire. Cependant, lorsque vous intégrez votre forme physique, vous vous éloignez de cet état et vous vous en éloignez davantage encore lorsque vous quittez les entrailles de votre mère. Cela génère une sensation de séparation qui vous incite à renouer à tout prix avec ce sentiment de connexion. Vous le ressentirez parfois auprès de vos amis ou au sein de votre famille. Vous pourriez le ressentir dans une relation sexuelle ou dans le partenariat et la tradition d'une Église. Parfois aussi vous le trouverez dans le calme et le silence de la méditation ou de pratiques religieuses. Ce que vous voulez ressentir, c'est un sentiment d'appartenance, une appartenance totale et inconditionnelle, un sentiment d'amour inconditionnel, d'accomplissement total et de sécurité.

Mais la plupart du temps, vous ne ressentez pas cette connexion, et au plus profond de vous vous continuez à la rechercher sans cesse dans votre travail, dans vos relations, dans vos pratiques religieuses. Certains la trouvent même dans l'alcool, la drogue et d'autres dépendances. Vous n'êtes sans doute pas conscient de ce que vous recherchez, mais lorsque vous avez l'impression de l'avoir trouvé, vous vous y accrochez, redoutant qu'il vienne à manquer. Comme vous voyez avec vos yeux d'humain et non avec votre cœur, qui est étroitement relié à l'essence de l'esprit, vous vous considérez comme différent des autres et ne pouvez comprendre comment le Créateur pourrait aimer cet étranger qui est si différent de vous. Vous voulez vous sentir spécial. Vous voulez que le Créateur vous considère, vous, vos amis et votre famille, comme des êtres spéciaux.

Je suis venu parmi vous pour dissiper ce mythe de la séparation, pour dissiper le concept que vous avez créé et selon lequel une personne, un groupe ou une religion peuvent prétendre être supérieurs aux yeux du Créateur. Cela est totalement faux. La croyance que vous pourriez être d'une quelconque façon meilleur qu'un autre découle en réalité du besoin de vous sentir personnellement digne de recevoir l'amour du Créateur. C'est le désir d'apparaître spécial à Ses yeux. Dans cette quête, vous pourriez même étudier les textes historiques pour prouver que votre race ou votre manière de penser est dans une certaine mesure mieux acceptée par le

Créateur. Certains appellent ce livre la Bible, l'Ancien ou le Nouveau Testament, d'autres le Coran, et d'autres encore le Livre de Mormon… C'est un peu comme lorsqu'un enfant cherche à attirer l'attention et l'amour d'un père ou d'une mère en dénonçant l'un de ses frères et en l'accusant d'avoir fait quelque chose de mal ou d'avoir violé les règles. En fait, il cherche ni plus ni moins à avertir ses parents que son frère mérite moins leur amour que leur « bon enfant ». Lorsque vous jugez quelqu'un d'autre, vous adoptez exactement le même comportement – vous essayez de vous convaincre d'être le « bon enfant ».

Je suis venu vers vous pour vous inciter, d'une manière très classique, voire angélique, à chasser vos peurs. L'amour du Créateur vous enveloppe car vous faites partie du Créateur comme il fait partie de vous. Aucune religion ne détient la vérité. Aucune religion n'est dans l'erreur. Elles expriment toutes la volonté d'être relié au Divin. Aucune race ne doit se considérer comme élue. Ce ne sont que des pensées que vous avez créées pour vous rassurer. En estimant que vous avez le droit de juger autrui, vous vous éloignez de l'essence de votre être, et ce, même si vous vous réconfortez en agissant ainsi. C'est la raison pour laquelle Jésus et d'autres prophètes ont proclamé : « Ne jugez point, afin que vous ne soyez point jugé. » Il ne s'agit pas là d'une évocation du Jugement dernier, mais plutôt de l'énergie qui se répand en vous lorsque vous jugez. En effet, quand vous portez un jugement sur autrui, vous renforcez la croyance selon laquelle vous auriez une valeur supérieure aux yeux du Créateur, ce qui va à l'encontre du fait que le Créateur vit en chacun de vous, non à l'extérieur. Et en agissant de la sorte, vous vous éloignez encore plus. La formule « Ce que vous faites au plus petit d'entre les miens, c'est à moi que vous le faites » est une admonition adressée à ceux qui attribuent une valeur à la création et qui, par voie de conséquence, s'attribuent une valeur particulière.

Comprenez bien que si une chose a été créée selon un certain ordre ou une certaine hiérarchie, cela ne signifie pas qu'elle est plus ou moins importante au regard de la création. Lorsque vous fabriquez une voiture, le dernier élément que vous incorporez est la batterie, mais la voiture ne pourrait pas fonctionner sans cette batterie. Sur une plage, aucun grain de sable n'est plus important qu'un autre. Aucune goutte de pluie, d'où provient l'eau que vous buvez, n'est supérieure à une autre. Toutes choses procèdent du Créateur et participent du grand équilibre, de l'harmonie et de l'unité universelles.

Lorsqu'on les combine aux sept notes de la gamme musicale, les dièses et les bémols créent de merveilleuses mélodies et de merveilleux « accord(e)s ». J'ai inséré un « e » entre parenthèses pour une raison bien simple : les accords musicaux sont comme des cordes reliant les éléments d'un tout. Ce sont des fibres de son qui relient les notes entre elles, leur permettant d'exprimer par la musique ce qui est aussi vrai dans la vie. Chaque personne vibre à sa propre fréquence et possède sa propre tonalité, mais c'est bel et bien la combinaison des notes qui permet de créer de grandes compositions, des symphonies et des chansons qui nous émeuvent collectivement.

Nous sommes tous des instruments individuels qui jouent leur propre mélodie, mais cette mélodie fait partie d'une orchestration globale, de la même manière que nos récits individuels font tous partie de l'histoire. Parfois les chansons sont belles, douces et mélodieuses, parfois elles sont sombres et menaçantes, mais toutes font partie de la beauté éternelle de la création. Nous sommes tous des créateurs. Tous, nous orchestrons. Nous sommes tous des acteurs, et comme l'a si bien exprimé Shakespeare : « Le monde entier est un théâtre. »

Imaginer qu'une parcelle de ce qui existe peut être séparée d'une autre est un mythe. Et le temps est venu de briser ce mythe.

Chapitre 5

Le mythe du temps

En ce lieu où vous vivez, un espace minuscule sépare le passé, le présent et le futur; en lisant ce qui suit, vous expérimenterez en un souffle le passé, le présent et le futur.

Vous êtes tous informés de la controverse que l'année 2012 a soulevée, particulièrement en raison du calendrier maya. Il était alors largement accepté que ce calendrier, qui marquait seulement le temps écoulé jusqu'au dernier mois de l'année 2012, annonçait la fin de la vie telle que nous la connaissons. J'ai toujours affirmé que ce n'était pas le cas et que ces peurs n'avaient aucun fondement. Au début de l'année 2012, des archéologues ont d'ailleurs découvert des manuscrits prouvant la continuation de ce calendrier. Mais même si ces textes n'avaient pas été découverts, comment pourrions-nous mesurer avec précision le passage du temps?

Initialement, le calendrier a été conçu dans le but de ponctuer les rythmes d'activité solaire et planétaire, et il a évolué par la suite afin de s'ajuster aux changements inexplicables affectant le rythme des saisons, c'est-à-dire des changements récurrents qui se produisent après un certain nombre d'années. Il est amusant de constater l'importance que les calendriers ont prise. En effet, l'humanité accepte sans sourciller le système de calendrier. Chacun sait qu'il existe des mois de 30 jours, soit avril, juin, septembre et novembre, et des mois de 31 jours, à l'exception du mois de février qui en compte 28, et parfois 29. Cela peut sembler arbitraire, mais nous acceptons ce fait comme s'il s'agissait d'une science exacte ! Il serait d'ailleurs intéressant de se pencher sur ce que l'humanité considère comme une science.

Ce qui est encore plus intéressant au sujet des calendriers, c'est que les humains sont les seules créatures de la planète qui s'en servent. Toutes les autres créatures vivent dans l'instant présent, de l'aube au crépuscule, honorant à leur manière le passage du temps, et adoptent un mode de comportement qui leur permet de s'adapter au mieux à leur existence. Seuls les humains consignent les hauts faits qui rythment leur vie en cochant un certain nombre de cases sur un morceau de papier, ce qui revient en fait à mesurer le passage de la lumière à l'obscurité, soit l'équilibre parfait de ce qui a été conçu lors de la création. De la sorte, le temps a été fractionné en séquences les plus petites possible. Cette volonté de mesurer le temps répond au besoin de comprendre et de maîtriser deux actions : planifier de la façon la plus efficace la plantation et la récolte des cultures et s'efforcer de projeter l'espérance de vie d'une société donnée. De nos jours, les calendriers sont utilisés essentiellement par commodité, pour des raisons de planification, et aussi pour marquer des étapes importantes – que ce soit à titre personnel ou pour fixer des moments cruciaux de l'évolution de l'humanité. Mais certains éléments défient cette définition facile du temps. En lisant ce qui suit, vous vous déplacerez du présent vers le passé au rythme du mouvement de vos yeux. En fait, les mots que vous venez de lire appartiennent déjà au passé. Oui, cela se passe ainsi… Une ligne étroite, mesurable en nanosecondes, sépare le passé du présent. Cela signifie qu'en ce lieu où vous vivez, un espace infime sépare le présent, le passé et le futur. En lisant ce qui suit, vous expérimenterez en un souffle le passé, le présent et l'avenir.

Un autre exemple de cette déformation de l'espace-temps réside dans la capacité de parler à une personne qui se trouve à l'autre bout de la planète et dans un autre fuseau horaire. Si vous vivez à New York et téléphonez à un correspondant vivant en Californie, vous parlez à quelqu'un qui vit dans le passé alors que, d'une certaine manière, vous vous situez dans le futur. De même, lorsque vous téléphonez à une personne vivant sur un autre continent, celle-ci pourrait avoir un jour d'avance ou de retard sur vous – et pourtant vous lui parlez dans ce qui vous semble le temps réel. Réfléchissez à cela un instant. Lorsque vous utilisez un télescope pour observer l'espace, vous découvrez des images qui sont à des années-lumière de vous. J'adore ce terme, car il est parfaitement approprié. Le Créateur, l'être de lumière par excellence, a créé un univers si vaste qu'il s'étend sur des années-lumière dans le passé ou le futur. Si, aujourd'hui, vous observez le ciel au moyen d'un télescope, les images que vous voyez sont bien celles du passé. Certes, vos yeux et votre enveloppe physique vous donnent l'impression que cela se passe ici et maintenant, alors qu'en fait vous découvrez une image de la création ou de la destruction ayant eu lieu en des âges fort lointains.

En réalité, la mesure du temps est une notion extrêmement fluide. Nous pourrions vivre en l'an 2600 ou plus encore si le temps n'avait pas été subdivisé en un avant et un après Jésus-Christ. Le temps a été créé pour vous doter d'un moyen de mesurer, exactement comme un étalon de mesure ou une tasse graduée. C'est là une possibilité qui vous est offerte de recréer avec une certaine régularité, de façon que vous puissiez avoir plus de contrôle sur ce qui apparaît souvent comme un processus créatif aléatoire. Pourquoi alors, si le temps est quelque peu illusoire, est-il si important de concevoir des calendriers destinés à durer ? Pourquoi, tout au long de l'histoire, les gens ont-ils étudié les étoiles et le mouvement du soleil ? Que cherchaient-ils à apprendre ? Pour l'essentiel, ils ont observé que certains phénomènes astronomiques créaient des configurations et des modèles. Ils ont constaté que des enfants nés lors de cycles terrestres spécifiques, par exemple les différentes saisons de labourage, de croissance ou de récolte, présentaient certaines caractéristiques comportementales. Ils ont appris que le lieu et l'heure de naissance d'une personne, en conjonction avec la formation astrologique des étoiles et des planètes, exerçaient une influence importante sur les caractéristiques de cette personne. À la manière de Jung, ils ont remarqué les comportements collectifs des adultes nés lors de cycles différents et ont constaté que des générations successives répétaient certains comportements. Certains recherchaient la paix, d'autres la guerre. Certains étaient plus créatifs et artistiques, tandis que d'autres, plus travailleurs, bâtissaient des maisons ou multipliaient les récoltes. En se basant sur ces observations, ils ont entrepris de développer des calendriers ayant pour finalité de dépeindre comment les descendants d'une génération donnée étaient susceptibles de se comporter – et d'expliquer aussi en quoi les sources alimentaires croissantes de la planète étaient affectées par ces cycles stellaires. Ils ont également constaté qu'après un certain nombre d'années, les connaissances acquises par ces gens permettaient des avancées spectaculaires. Encore une fois, cela était basé sur l'historique des comportements qui se répétaient et sur les traits comportementaux qu'ils pouvaient anticiper. Les premiers inventeurs de calendriers étaient des astronomes et des astrologues. Ils se sont efforcés de créer un système permettant de prédire comment les humains pourraient interagir avec l'ordre naturel. Pour ce faire, ils ont essayé d'appliquer une approche mathématique afin de planifier et codifier les levers et les couchers du soleil. C'est ainsi que les premiers calendriers virent le jour. Je qualifierai ces premiers enregistreurs du temps d'astronumérologues.

Il y a souvent beaucoup à apprendre en étudiant les aspects astrologiques des comportements d'une personne. Tout d'abord, considérons ce mot comme la base de la science : il est formé d'« astro », qui signifie la poussée et la traction astromagnétiques exercées à un moment précis dans le temps, et de « logique », soit ce qui peut être prédit avec un certain degré d'exactitude en se fondant sur l'analyse de variables spécifiques. Autrefois, de nombreux savants et érudits étaient très versés dans l'interprétation astrologique de l'histoire et, dès lors, capables de se projeter sommairement dans l'avenir. Bien sûr, il n'existe aucun moyen fiable de prédire totalement l'avenir car chaque humain a pour caractéristique son libre arbitre. Ce libre arbitre, qui vous permet de prendre des décisions à n'importe quel moment, peut changer radicalement l'orientation de votre avenir, ou de celui d'autrui, et le plus souvent ces décisions ne peuvent être aisément prédites.

En résumé, si nous acceptons le fait que l'humanité peut aujourd'hui, sur une base quotidienne, recourir aux moyens technologiques disponibles qui permettent, pour l'essentiel, d'infléchir les paramètres du temps et si, en raison de notre capacité à prendre des décisions basées sur le libre arbitre, il est difficile, voire impossible, de prédire avec exactitude le comportement humain, j'avancerai la théorie selon laquelle la notion de temps et la création d'outils de mesure présentent des lacunes fondamentales. Tout cela constitue un mythe qui nous renvoie au concept de nos propres limites. En outre, ce mythe nous pousse à nous focaliser sur des temps passés ou futurs et, ce faisant, à oublier la seule dimension qui constitue le réceptacle de tout notre pouvoir énergétique – le temps présent. En conséquence, l'humanité a créé le temps, mais l'heure est venue pour elle d'accepter d'élargir ses concepts.

Chapitre 6

La tempête parfaite

Vous, les humains, avez créé l'effervescence parfaite de la connaissance, de l'accessibilité à la communication, de la dépendance financière des puissants à l'égard des masses, et d'une nouvelle génération ayant grandi sans concevoir un monde dépourvu de ces outils. Un changement radical et la restitution du pouvoir au peuple sont donc inévitables.

Faisons un bref récapitulatif de ce que nous avons abordé jusqu'alors. Dans un chapitre précédent, nous avons parlé de l'essence de la création et du fait que l'humanité participe autant de l'expansion créatrice que les anges ou le Créateur. Ultérieurement, nous avons parlé de votre propension à focaliser vos pensées dans le passé ou le futur, une attitude qui est en réalité basée sur des théories erronées du temps, élaborées à partir de calendriers n'ayant aucune valeur scientifique. En développant plus avant le concept du temps, nous avons aussi abordé le mythe de la séparation, qui révèle que chaque incarnation à chaque période de l'histoire se produit en un temps donné et s'inscrit dans une anthologie plus large qui s'inspire de l'histoire originelle écrite par le Créateur et interprétée par vous, auteurs individuels, que nous connaissons sous l'appellation d'humanité.

Votre façon de réagir à ces informations dépend en grande partie de vos croyances et de vos perceptions. Si nous tenons pour acquis que les humains sont les auteurs de leur propre histoire et que des milliards d'histoires se déroulent donc en ce moment même sur cette planète, une myriade d'interprétations peuvent donc être mises de l'avant. Bon nombre de ces interprétations prendront forme en fonction de la conscience de chaque auteur et du fait que chaque auteur épouse l'approche du verre à moitié plein ou à moitié vide. Ceux qui voient la vie comme un verre à moitié vide souscrivent aux théories catastrophistes et sont convaincus qu'il suffit d'observer ce qui se passe autour de nous – les guerres, les crises économiques, la multiplication des désastres naturels, la détérioration des conditions environnementales et la lutte quotidienne pour survivre – pour trouver des indications très claires que le monde se porte mal. Pour eux, il est fort probable que celui-ci se dirige tout droit vers une sorte de fin cataclysmique. À l'opposé, ceux qui voient le monde comme un verre à moitié plein considèrent que celui-ci évolue dans la bonne direction. Les gens gaspillent moins et préservent davantage. Ils assistent à l'avènement d'une conscience écologique plus développée, et ce, non seulement de la part des gouvernements, mais aussi des citoyens dans leur ensemble. Ils constatent à quel point les communautés Internet, telles que Facebook et Twitter, relient la planète et permettent à des groupes d'inconnus épris de liberté d'être les initiateurs du renversement des gouvernements. Et ils voient tout cela comme le début d'un processus nouveau.

Mais il existe aussi un troisième groupe, que l'on mentionne très rarement. Ceux qui s'en réclament voient le verre comme un simple récipient contenant de l'eau, et la seule question qu'ils se posent n'est pas de savoir si le verre est à moitié plein ou à moitié vide, mais plutôt s'il s'agit d'une eau du robinet ou d'une eau embouteillée. Ce groupe est aujourd'hui majoritaire sur cette planète. Il est constitué de gens qui vivent dans une sorte de vide quotidien et sont animés par la poursuite logique de leurs propres intérêts, en se souciant peu des conséquences qu'une telle attitude peut entraîner. Ils mobilisent toute leur attention pour essayer seulement de survivre – jour après jour, semaine après semaine, salaire après salaire. Il s'agit là d'une majorité désenchantée qui a appris à se méfier de la politique et ne croit plus aux gouvernements ni aux organisations religieuses. Ils n'ont que faire de l'exactitude des calendriers et sont désolés des désastres naturels dont ils entendent parler aux bulletins de nouvelles, tout en étant heureux que ces événements ne les concernent pas. La plupart d'entre eux aimeraient mener leur vie autrement, mais se sentent prisonniers de ce qu'ils sont et de l'endroit où ils vivent. Ils aimeraient se persuader que le verre est à moitié plein, mais ils ont été si souvent déçus par le verre à moitié vide, qui s'évaporait sous leurs yeux, qu'ils préfèrent ne pas penser au verre du tout.

Quoique certains d'entre vous se reconnaissent dans les adeptes du verre à moitié plein et du verre à moitié vide, j'aimerais ajouter que vous pouvez tout aussi bien vous identifier au dernier groupe que j'ai mentionné, et que ce serait une bonne chose ! En effet, cela signifierait que vous embrassez la vie en tant qu'êtres humains, que vous avez accepté le fait d'être apparus sur terre dans une enveloppe humaine et que, d'abord et avant tout, vous assumez vos engagements et tenez compte de vos préoccupations. Bien que vous ayez bu des verres à moitié pleins ou à moitié vides, cela montre que vous êtes prêts à le faire de nouveau. Vous, très chers, constituez le facteur décisif dans la détermination de ce que le futur représentera réellement pour l'humanité. Vous êtes le groupe qui décidera de l'état d'esprit de vos foyers, de vos quartiers, de vos pays et, au bout du compte, de la planète tout entière. Le pouvoir de votre conscience créatrice est si fort qu'il vous permettra, s'il est employé à bon escient, de surmonter et dépasser la déception, cet état de tristesse ou de regret que vous ressentez lorsqu'un événement attendu ou espéré ne se réalise pas.

Dans le processus de création, vous avez été désignés par le Créateur pour utiliser au mieux vos capacités et talents inhérents afin de répandre la création. Pour ce faire, vous fabriquez des outils grâce auxquels vous pouvez fixer des objectifs et mesurer l'efficacité de vos actions. Le temps est l'un des outils que vous avez créés. Mesurer le temps vous aide à mener à bien la mission que le Créateur vous a confiée en la fractionnant en des missions plus modestes qui vous amènent à accomplir certaines tâches répondant à un but spécifique. Par exemple, vous prenez rendez-vous chez le dentiste pour répondre à une mission plus vaste qui vous enjoint de prendre soin du corps qui est le vôtre. Vous pourriez aussi bien choisir de participer à une soirée de collecte de fonds pour venir en aide à ceux qui sont dans le besoin. La déception s'installe lorsque vous constatez que certains engagements ou certaines promesses n'ont pas été tenus et qu'au plus profond de vous une voix murmure : *Ce n'est pas ainsi que les choses auraient dû se passer*. C'est ce sentiment de profonde déception envers les dirigeants, que vous avez désignés pour vous aider à atteindre vos objectifs, qui est à l'origine du manque de confiance que la plupart des gens ressentent aujourd'hui à l'égard des gouvernements, des Églises, des institutions financières, des entreprises, et parfois même envers eux-mêmes et autrui.

Pourtant, la confiance que vous vous accordez, et que vous accordez aux capacités créatrices de vos frères et sœurs, est précisément ce dont vous avez le plus besoin en ce moment. Vous pouvez transformer cette confiance en révélation, vous pouvez transmuer la frustration en création, et finalement vous pouvez transformer le verre à moitié plein ou le verre à moitié vide en un verre qui déborde toujours. Tout cela est en votre pouvoir et à portée de main. C'est en quelque sorte votre droit de naissance – car il existe à l'intérieur de vous et existait en vous avant votre naissance. Il vous suffit d'y puiser pour lui permettre de remonter à la surface. Peu importe que vous soyez un baby-boomer, un représentant de la génération X ou Y, un yuppie, un hippie, ou que vous apparteniez aux 99 % ou au 1 % de la société, quel que soit le groupe auquel vous vous identifiez, vous avez tous décidé de naître dans ce temps unique de l'histoire et de le partager. Le temps du changement est venu. Le changement est la seule constante de l'univers. Vous changez sans cesse. Un jour ne ressemble jamais exactement à un autre. Vous vieillissez, vous apprenez des choses nouvelles, et vous évoluez. Certains d'entre vous ont peut-être vu la série télévisée originale *Star Trek*. Pour communiquer, l'équipage utilisait des dispositifs de communication sans fil, ce qui, à l'époque où cette série a été créée, était à l'évidence de la science-fiction. Aujourd'hui, vous communiquez presque tous par l'intermédiaire de téléphones cellulaires sans vous interroger un seul instant sur la manière dont ils fonctionnent ou sur la rapidité avec laquelle la science-fiction est devenue réalité. Tout ce qui existe aujourd'hui est le produit d'une pensée, d'abord celle du Créateur, puis celle des anges, et enfin celle de l'humanité. Vous êtes les créateurs et les auteurs permanents de ce qui constitue la fiction et la non-fiction. Toutes les pensées plongent leurs racines dans la fiction. Tout commence en dehors du domaine de la réalité. Mais la pensée attire ensuite à elle une énergie similaire qui lui permet de devenir réalité. Les énergies similaires s'attirent mutuellement. Prenez un moment pour penser à tout ce qui a changé au cours de votre vie. Pensez à cette époque – aussi loin que vous pouvez remonter – où vous étiez petit ; pensez à ce que vous aviez alors, à ce que vous faisiez, et voyez à quel point les choses ont changé depuis.

Gerry s'est livré à cet exercice. Il s'est souvenu du premier poste de télévision qu'il avait l'habitude de regarder. Il était doté d'un minuscule écran noir et blanc, et au démarrage plusieurs minutes étaient nécessaires pour le réchauffer. Une fois que la télévision fonctionnait, sept chaînes seulement étaient offertes. La qualité de la réception dépendait de l'antenne en forme d'oreilles de lapin qui trônait sur le dessus du poste, et il fallait la manœuvrer dans tous les sens pour obtenir une bonne image, c'est-à-dire une image présentant le moins de « neige » possible. Le téléphone de la famille de Gerry se résumait à un lourd récepteur noir équipé d'un cadran rotatif et relié à un épais cordon. Durant l'enfance de Gerry, il y avait si peu de lignes téléphoniques disponibles que sa famille devait partager la sienne avec une autre famille. Souvent, lorsqu'ils voulaient téléphoner, des membres de l'autre famille étaient déjà en train de parler et ils devaient attendre leur tour avant de composer le numéro. Cela permettait toutefois de merveilleux moments d'écoute indiscrète ! Tout change, et durant les cent dernières années les choses ont changé de façon prodigieuse. Dans les années à venir, elles changeront encore plus rapidement. Dans l'histoire de cette planète, l'humanité a effectué de grandes avancées dans la compréhension de ce qu'elle pouvait accomplir. Rappelons-nous que l'invention et l'utilisation courante de l'électricité et des ampoules électriques ne datent que d'une centaine d'années.

Les changements qui auront lieu dans les années à venir, et tout particulièrement dans un futur proche, seront alimentés par la technologie, cette même technologie qui rapproche les gens et transforme le monde en une communauté planétaire. Cette nouvelle période sera marquée par un nouveau départ, ce qui nous rappelle, s'il en est besoin, que l'évolution de notre planète s'est toujours produite, tout au long de notre histoire, au travers de bonds qualitatifs spécifiques. D'un monde peuplé de chasseurs-cueilleurs individuels, vous avez évolué vers une société agraire dans laquelle certains vivaient en collectivité, dans des villages, puis plus tard dans des villes et des cités. Avec l'avènement de l'ère industrielle, un autre bond qualitatif majeur s'est effectué dans le champ de la connaissance, ce qui a permis à l'humanité de développer sa capacité à fabriquer des produits à une plus grande échelle, et ce, afin de desservir les populations croissantes sur des zones géographiques beaucoup plus étendues. Pour acheminer ces produits, vous avez inventé des systèmes de transport, passant ainsi des voitures tirées par des chevaux aux bateaux, aux trains et finalement aux avions. Rappelez-vous qu'à une époque pas si lointaine, seuls les explorateurs pouvaient voyager partout dans le monde, alors qu'aujourd'hui ceux qui en ont les moyens peuvent le faire en toute liberté. Des inventions comme l'imprimerie ont permis à l'information de circuler et à la connaissance d'être partagée par le plus grand nombre en raison de la facilité à reproduire des textes imprimés.

Grâce à l'invention de la radio, du cinéma et finalement de la télévision, vous êtes ensuite entrés dans l'ère électronique, ce qui a permis aux gens de se divertir et de pouvoir communiquer avec d'autres individus vivant à l'autre bout de la planète. Ainsi, le monde semblait avoir en quelque sorte rapetissé et changé de dimension, mais le pouvoir d'utiliser ces nouveaux outils reposait toujours entre les mains des riches et des puissants.

Avançons jusqu'à aujourd'hui et voyons en quoi les choses commencent à changer. Celui qui contrôle la communication contrôle le pouvoir. Au fil des ans, il est devenu de plus en plus évident qu'Internet – en particulier Facebook, Twitter et YouTube – ne se résume pas à échanger avec d'autres sur ce que vous avez l'intention de faire le soir même. En vérité, Internet est devenu une plateforme privilégiée entraînant de profondes mutations sociales et de grands glissements dans les rapports de force que nous entretenons avec les gouvernements. La technologie évolue si rapidement qu'il est fort possible qu'au moment où vous lirez ce livre, des outils de communication nouveaux et encore plus excitants auront fait leur apparition, ce qui contribuera à une plus grande unité de la planète.

Vous avez évolué, passant de l'ère agraire à l'ère industrielle, puis à l'ère de l'information. Aujourd'hui, nous sommes au seuil d'entrer dans une nouvelle ère, celle de la conscience. Peut-être vous souviendrez-vous que nous avons brièvement abordé l'essence de la conscience dans un chapitre précédent. La conscience est cet espace où votre esprit est connecté à l'essence du Créateur, et en la laissant s'exprimer l'individu développe la capacité à transcender la logique, qui parfois limite sa nature créatrice. C'est un espace où l'on ne voit pas ce qui est, mais ce qui pourrait être.

Le glissement qui s'opère à l'heure actuelle permet à quiconque d'acquérir un pouvoir dépassant de loin les limites qu'il s'impose ou que la société a établies. Il s'agit là d'un champ d'expérimentation entièrement nouveau qui favorise la diffusion de la connaissance globale, la naissance de nouvelles amitiés, et le sentiment accru de la responsabilité personnelle. Les humains se dirigent vers une époque plus simple de leur histoire où les individus seront formés et encouragés à attendre moins des gouvernements et à exiger plus d'eux-mêmes. Cela, associé à un développement encore plus substantiel des réseaux sociaux, donnera à l'humanité une réelle possibilité de progresser sur une planète unie. Ce qui est le plus rassurant, c'est que les entreprises appuyant la diffusion de ces instruments et dispositifs de communication globale sont elles-mêmes financièrement dépendantes des individus.

De la sorte, toute action visant à restreindre leur développement est promise à l'échec car elle irait à l'encontre de l'intérêt financier de ces entreprises.

Vous, les humains, avez créé l'effervescence parfaite de la connaissance, de l'accessibilité à l'information, de la dépendance financière des puissants à l'égard des masses, et d'une nouvelle génération ayant grandi sans concevoir un monde dépourvu de ces outils. Un changement radical et la restitution du pouvoir au peuple sont donc inévitables. C'est ce qui rend les perspectives d'avenir si excitantes. Dans leur volonté de créer un système de communication globale fondé sur l'accroissement des profits, les grandes entreprises ont en réalité créé une communauté mondiale qui permettra d'anéantir le mythe de la séparation et de dissiper le mythe du temps, en entretenant des contacts réguliers avec des amis et des disciples vivant dans chacun des fuseaux horaires – qu'ils soient d'aujourd'hui, d'hier, ou de demain. L'élément le plus puissant des modes de communication actuels, hormis son impact précis sur l'anéantissement du mythe de la séparation, est que l'essentiel de ces informations, de ces connaissances et de cette créativité – si aisément accessibles – est partagé ! Les humains partagent avec d'autres leurs passions, leur colère, leur beauté, et leurs photos préférées d'adorables petits chatons.

Vous êtes en train de bâtir une communauté mondiale du changement, et ce processus commence par un simple mot : partager !

Chapitre 7

La parabole du roi et de la « matière »

Il suffit de croire que vous êtes plus grand que cette matière que vous découvrez dans le miroir et de ne pas accorder une confiance aveugle aux scientifiques, aux philosophes et aux chefs religieux si leur message ne fait pas vibrer votre cœur…

Durant des siècles, l'humanité a cherché des réponses au questionnement sur sa propre existence. D'où venez-vous ? Où allez-vous ? Qu'y a-t-il après la mort ? Trois disciplines ont émergé de ce processus de pensée : la science, la philosophie et la religion.

La discipline scientifique, et avec elle les mathématiques et la physique, s'efforce de déterminer si l'univers obéit à un ordre défini, ce qui impliquerait, si tel était le cas, que tout phénomène peut se résumer en une formule.

Le mot formule me semble intéressant car il implique que tout a une forme, ou une matière, et peut donc être mesuré de façon quantifiable, ce qui permet à l'esprit humain de le rendre plus facilement compréhensible et potentiellement apprivoisable. La science est un domaine étonnant. En effet, celle-ci a évolué à un point tel que de nouvelles réalités voient quotidiennement le jour. Les avancées spectaculaires dans les secteurs de la communication mobile, de la chirurgie robotique et de l'étude des origines et de l'espace sont objet d'émerveillement et de fascination à la fois.

En vérité, tout ce qui existe dans l'univers est régi par un ordonnancement parfait, tout comme sa forme obéit à une logique mathématique parfaite. Cependant, une partie du mystère de la science réside dans le fait que cette forme est fluide, en constante évolution et toujours en voie de création. Dans le champ de la science noétique, certains chercheurs ont même prouvé que la structure cellulaire d'une substance donnée pouvait être modifiée par des scientifiques recourant au pouvoir de la pensée afin d'affecter sa matière physique. À titre d'exemple, il a été démontré que la structure microscopique de l'eau peut être changée en la recouvrant de mots qui sont soit troublants pour l'esprit humain, soit réconfortants et apaisants. Pour ce faire, des conteneurs d'eau recouverte de ces mots ont été congelés. On s'est alors rendu compte que l'eau couverte de mots aimants développait de magnifiques cristaux, alors qu'à l'inverse l'eau couverte de mots effrayants et haineux créait d'horribles formations de cristaux. Ces phénomènes, qui participent du miracle de la création, échappent à la *logique* traditionnelle. De nombreux scientifiques poursuivent leur recherche en vase clos, évoluant dans un environnement dénué de spiritualité et perpétuant en quelque sorte la séparation de l'Église et de l'État. De nombreux chefs religieux considèrent la science comme l'ennemie de la foi car elle défie les enseignements traditionnels des livres sacrés en s'efforçant d'apporter des explications logiques à des phénomènes qui, selon les Écritures, dépassent la compréhension de simples mortels. La philosophie crée des liens entre ces deux approches car elle a pour finalité d'articuler des processus de pensée rationnels autour de concepts ésotériques complexes tels que «Je pense, donc je suis». La philosophie s'évertue à expliquer la condition humaine, la relation entre l'homme et Dieu, et l'essence de cette voix intérieure que l'on nomme pensée. Aujourd'hui, certaines religions développent même leurs propres croyances dans une combinaison de science et de philosophie, le tout saupoudré de vagues notions de foi en l'inconnu.

Durant des siècles, ces trois factions se sont opposées – ou plutôt ont débattu – quant à la méthode de pensée devant être considérée comme la plus pertinente. Certaines cultures ont approché différemment cet enjeu de la «pensée juste» et nombre d'entre elles ont opté pour un panachage, ne retenant que les pensées les plus indépendantes de chacune de ces disciplines.

Aujourd'hui, je viens vous annoncer que ces trois approches peuvent être potentiellement exactes ou erronées, car toutes trois font partie d'une vérité plus vaste. Étant donné que les récits constituent souvent la forme de communication la plus adaptée pour transmettre un concept complexe, j'aimerais vous proposer l'histoire qui suit.

Qu'est-ce que la matière?

Il y a très longtemps de cela régnait un roi très sage qui était aimé par son peuple. Il était vénéré parce qu'il avait su créer un royaume qui respectait et protégeait les pensées individuelles de ses sujets. Dans son royaume, on trouvait des scientifiques, des philosophes, des disciples de différents systèmes de croyances religieuses et des adeptes de pratiques occultes. Cependant, la tolérance du roi envers l'expression des pensées les plus diverses n'était pas totalement désintéressée. Il estimait que s'il était destiné à être un souverain puissant, il devait se tenir informé de toutes les sources dont le pouvoir décou lait. De la sorte, le roi et ses conseillers les plus influents apprendraient de ceux qui pratiquaient diverses formes de pensée et de croyance. Un jour, alors qu'il se promenait dans les jardins du palais, le roi remarqua une flaque de liquide doré qui formait une petite mare miroitant au pied d'un cyprès. Il se pencha pour toucher le liquide et se rendit compte qu'il était alternativement chaud et froid et devenait solide lorsque des gouttelettes touchaient ses doigts. Lorsqu'il souffla dessus, la mare frissonna, puis reprit sa forme, mais il constata qu'elle s'élargissait chaque fois qu'il soufflait. Le roi convoqua alors ses scientifiques. Ceux-ci examinèrent le liquide et conclurent qu'il devait s'agir d'une forme d'or qui s'était dissoute et qu'on ne pouvait refaire durcir. Ils essayèrent ensuite de recueillir le liquide dans un bol, mais ils eurent beau puiser en abondance dans la mare, le volume initial demeura inchangé. Après avoir rempli soixante récipients de cette substance dorée, ils furent si déconcertés qu'ils conclurent que cette substance inépuisable devait provenir d'une source souterraine. Mais ils eurent beau faire, ils ne purent trouver cette source. De plus en plus impatient, le roi convoqua ses dignitaires religieux. Certains suggérèrent qu'un sort jeté par un ennemi produisait cet or qui ne pouvait ni prendre forme ni être utilisé. D'autres y virent une bénédiction et un signe que les dieux accordaient leur faveur au roi, qui avait découvert cette substance. D'autres encore avancèrent l'idée que le roi verse ce liquide, de toute évidence doté d'une grande puissance, dans un moule afin de façonner une couronne qui symboliserait à la fois le pouvoir royal et la faveur que les dieux lui avaient accordés. D'autres encore proposèrent d'offrir un grand sacrifice aux dieux afin de les remercier de leur avoir octroyé ce don, alors que les plus sceptiques considéraient que cela équivalait à créer de fausses idoles et qu'il fallait impérativement l'enterrer et l'ignorer comme une tentation.

Le roi écouta chacun d'eux avec attention puis convoqua ses plus grands penseurs, ses philosophes, afin de s'interroger sur la nature et la signification exacte de cette matière. Certains se questionnèrent même sur son existence réelle – tout cela n'était-il qu'illusion ? D'autres admirent que cette matière existait bel et bien, mais que sa capacité à se recréer sans cesse et à prendre des formes différentes tout en demeurant parfaitement identique signifiait que cette substance pouvait être l'essence de la substance originelle que le roi, dans sa grande sagesse, avait découverte alors que les autres l'avaient ignorée. Pourtant, eux aussi furent incapables de conceptualiser avec clarté la nature de cette substance. Finalement, ils se rallièrent au fait qu'elle existait car elle avait une forme et elle était visible par chacun d'entre eux. En effet, ils pouvaient la voir, la sentir, et même la goûter.

Le roi prit le temps de réfléchir longuement à toutes ces théories puis, un soir, il sortit avec la ferme intention d'aller s'asseoir sous le cyprès et de poursuivre sa réflexion. Lorsqu'il arriva près du conifère, il s'aperçut que la petite mare avait disparu et que les feuilles de l'arbre, qui tombaient sur le sol, avaient la même teinte dorée que la substance. Croyant que le liquide avait été volé, il appela aussitôt ses gardes. Au même moment, ses scientifiques se présentèrent à lui et l'informèrent que le liquide stocké dans les récipients avait disparu sous leurs yeux, retournant ainsi au néant. Le roi regagna ses appartements pour faire le point. Les pensées qui suivent lui traversèrent l'esprit :

Aujourd'hui, j'ai pu voir une matière que je n'avais jamais vue auparavant.

Elle pouvait se transformer, être molle ou dure en fonction de ce qui la touchait.

Quand je soufflais dessus, elle s'étendait et s'élargissait.

Bien que placée dans des conteneurs, elle conservait à la source sa forme originelle.

Puis elle a disparu comme elle était apparue. Où était-elle allée et d'où venait-elle ? C'était un véritable mystère.

Sans cesser de s'interroger, le roi sombra dans un profond sommeil et se mit à rêver. Dans son rêve, il volait sur le dos d'un grand oiseau qui l'emmena au sommet d'une très haute montagne où il découvrit un merveilleux palais doré. À l'intérieur, il distingua un homme qui méditait près d'un cyprès. L'homme en question était resplendissant et semblait presque transparent. Lorsque le roi s'approcha de lui, il constata avec surprise que cet homme lui ressemblait comme deux gouttes d'eau.

« Alors, dit l'homme, êtes-vous venu me voir pour trouver des réponses à vos questions ?

– Je n'en suis pas sûr, répondit le roi. Qui êtes-vous et pourquoi me ressemblez-vous ? »

L'homme transparent se mit à rire et dit : « Non, c'est vous qui me ressemblez ! » S'il ne s'était pas trouvé dans le palais de cet étranger, le roi aurait certainement manifesté son indignation envers quelqu'un qui faisait preuve d'une telle impudence, mais il s'abstint de tout commentaire et le laissa poursuivre.

« Vous êtes venu ici, en rêve, pour trouver la réponse à la question que vous vous posez. Vous vous interrogez sur la nature de la matière que vous avez trouvée.

– Oui, c'est vrai, reconnut le roi. Connaissez-vous son origine ? » L'homme sourit puis poursuivit : « Son origine est au commencement de toutes choses. Elle provient de la source et prend la forme la plus apte à développer la conscience de celui qui la contemple. Elle apparaît à un point précis dans le temps et poursuit sa vie, et bien qu'elle puisse changer de forme, jamais elle ne perd son essence originelle. En fait, lorsque la vie souffle sur elle, sa forme s'étend bien au-delà de son état originel. Mais, au bout du compte, ajouta-t-il, un jour elle retournera à son lieu d'origine et s'évanouira aussi spontanément qu'elle est apparue. »

Bien que l'explication fût un peu trop compliquée pour que le roi puisse pleinement la saisir, il sentit tout de même son cœur traiter cette information. Lorsqu'il se rendit compte qu'au plus profond de lui subsistait la mémoire d'un temps reculé où il comprenait cela et bien d'autres choses encore, ses yeux s'emplirent de larmes.

«Vous saisissez maintenant pourquoi cette vision vous a été donnée, poursuivit l'homme. Cette matière, qui vous est apparue comme de l'or, a pris une forme que ceux qui vous entourent ont aussitôt jugée inestimable. En conséquence, vos scientifiques ont cherché à comprendre son processus de production de façon que sa valeur puisse être reproduite et contrôlée. Vos chefs religieux se sont aussi efforcés de donner une signification à cette substance afin de vous amener à transformer cette matière en pouvoir et à vous en servir d'une manière ou d'une autre pour prétendre que vous entretenez une relation privilégiée avec les dieux. Et finalement, les penseurs, ne sachant pas de quoi elle était constituée, décidèrent, après sa disparition, qu'elle n'avait peut-être jamais existé ou alors que vous aviez découvert, en raison de votre intelligence supérieure, une chose que les penseurs de moindre envergure n'avaient jamais remarquée, ce qui vous plaçait là encore largement au-dessus de tous les autres.

– Lorsque cette matière s'est évanouie, ajouta le roi, j'ai commencé à douter de l'avoir réellement vue. Après avoir reçu ce cadeau et l'avoir perdu, je me suis demandé ce que j'avais fait de mal, comme si j'avais été puni. Comment pourrais-je expliquer cela à mon peuple sans qu'il émette de doutes sur mon droit à le diriger? Si je suis faillible, je ne mérite pas de gouverner!»

L'homme observa le roi et dit: «Lorsque votre père et votre mère partagèrent leur amour, ils insufflèrent à la vie une nouvelle forme, et cette nouvelle forme c'était vous. Peu à peu, vous avez alors pris votre apparence physique bien que vous n'existiez pas avant ce moment. Au fil des ans, nombreux sont ceux qui ont tenté de vous modeler de façon que vous soyez le plus utile à leurs yeux, et souvent vous avez emprunté des formes différentes tout en restant le même. Lorsque votre père et votre mère sont morts, vous étiez à leur chevet et vous vous demandiez où ils étaient partis. Un jour ils étaient là et le lendemain ils avaient disparu, semblables au souffle de vie qui les avait formés puis les avait quittés. Mais leur matière, et l'essence dont elle est issue, existe encore et existera toujours. Peu importe les formes que prend cette matière, qu'elles soient dorées ou couvertes de poussière, sa valeur demeure égale. Toutes les matières sont égales. »

Et il ajouta : « Je suis vous. Nous ne formons qu'un. Je suis l'essence de votre création et j'existe quelle que soit la forme que vous prenez. Je continuerai à exister, à vous inspirer et à répondre à vos questions quand vous souhaiterez croître au-delà de ce que vous connaissez. Il suffit de croire que vous êtes plus grand que cette matière que vous découvrez dans le miroir, et de ne pas accorder une confiance aveugle aux scientifiques, aux philosophes et aux chefs religieux si leur message ne fait pas vibrer votre cœur car souvent ils ont raison et souvent ils ont tort. Et c'est très bien ainsi. »

Le roi se réveilla alors et, se souvenant de son rêve, il convoqua aussitôt ses scientifiques, ses philosophes et ses chefs religieux. Lorsque ceux-ci furent réunis, il leur annonça sa décision. *Étant donné que la matière émane du néant et que ce néant est par nature inconnu, il décréta que personne ne devait craindre l'inconnu car* le néant est la matière. *Si toute matière émane d'une source unique, toutes les formes qu'elle prend doivent donc être considérées comme égales.*

En conséquence, il décréta que ceux qu'il gouvernait seraient désormais autorisés à exprimer pleinement les aspirations de leur être intérieur et qu'à partir de ce jour tous ses sujets seraient traités comme ses égaux !

« Si tous vos sujets sont égaux, comment contrôlerons-nous le flux des richesses et du pouvoir ? rétorquèrent ses conseillers. Si vous n'êtes pas supérieur à vos serviteurs, ceux qui vous servent seront traités de la même manière que vous ! » En entendant ces objections, le roi sourit et répondit : « *Si tel est le cas, de quoi est faite la matière ?* »

Sans doute vous souvenez-vous que je vous ai sensibilisé, dans les précédents chapitres, au fait que vous êtes chacun un être très puissant. Commençons alors à explorer cette nouvelle vérité. Celle-ci reconnaît que vous qui lisez ce livre êtes aussi puissant que n'importe quel roi ou président. Si vous acceptez ce postulat, vous vous apercevrez qu'en vérité votre être, votre essence et vos pensées font partie de la même énergie créatrice qui est l'origine de toutes choses. La matière évoquée dans la parabole est un symbole représentant l'âme de toute matière créée. La pensée du Créateur lui a donné vie et ensuite, par l'effet des souffles de vie successifs que lui ont insufflés ses cocréateurs, qu'ils soient anges ou humains, cette même matière a emprunté des formes nouvelles et différentes.

Les pensées des cocréateurs déterminent la forme que prendra la matière. Celle-ci peut emprunter une forme permettant de déployer la source de toutes choses ou une forme qui entravera ce flux en tentant de le contenir. L'homme que le roi a rencontré dans son rêve était son essence, son âme, son moi supérieur – cette forme spirituelle mentionnée dans un chapitre précédent et qui veille sur les histoires simultanées que vous avez tous créées.

Finalement, nous avons clos cette parabole alors que le roi en venait à la conclusion que le néant est la matière. Si vous venez d'un lieu où vous redoutez de perdre votre pouvoir parce que d'autres ont des pensées, des apparences physiques et des niveaux de richesse différents des vôtres, vos pensées sont gouvernées par votre perception de la matière. Lorsque vous vous rendrez compte que toute matière émane de la même source et que cette source émane d'un être d'amour infini, vous vous ouvrirez au flux de cet amour, qui est l'essence de toutes choses engendrées par le Créateur. Toutes choses seront alors animées par le souffle de cet amour et continueront à se déployer dans l'amour, et ce, bien au-delà de leurs enveloppes originelles. Et vous vivrez libéré de la peur du manque ou de la perte de pouvoir personnel.

La forme émane de la pensée. Si vous pouvez déterminer l'origine de vos pensées, vous aurez une meilleure idée des expériences que vous engendrez. Si vous vivez en un lieu où règnent la peur, la haine ou une concurrence acharnée, vous engendrerez des expériences fondées sur le désir d'expérimenter de telles pensées.

Cela n'a rien à voir avec le karma. Lorsque vous pensez à une situation précise qui cristallise vos émotions, vous activez la loi de résonance magnétique. Autrement dit, vous attirez à vous cette expérience. Bien que cela puisse sembler difficile à comprendre, c'est pourtant ainsi que cela se passe. Vous n'êtes pas seulement ce que vous mangez, vous êtes ce que vous pensez ! Votre âme cherche à comprendre toutes les dimensions de la condition humaine car elle peut ensuite déterminer comment l'amour peut soigner ou guérir cette condition et comment restaurer l'essence originelle du Créateur à un niveau encore plus élevé. Dans cet univers, chaque chose a pour finalité de se déployer sous une forme ou sous une autre.

Chapitre 8

Embrasser sa vérité intérieure

La vérité sur la vérité, c'est que vous la connaissez déjà ! Vous avez été créé avec la faculté de comprendre l'essence de votre être, de vos créateurs, du Créateur originel, et l'essence de tout ce que vous avez créé en réponse. Cependant, au fil du temps vous avez investi votre énergie dans des formes de vie d'une plus grande densité, ce qui vous a éloigné quelque peu de la clarté.

Je sais qu'à certaines périodes de votre vie, vous avez tous expérimenté des moments décisifs. C'est souvent en ces instants-là que vous saisissez des concepts qui auparavant vous semblaient étrangers ou que vous prenez conscience que la vie est plus vaste que vous ne l'aviez imaginé, ce qui vous conduit par conséquent à en changer la dynamique. Pour la plupart des gens, ces moments décisifs surviennent lorsqu'ils lisent un livre, regardent un film ou ont une discussion approfondie avec une personne qui aborde un sujet sensible d'une manière telle qu'ils en sont touchés et interpellés. Vous vous sentez alors touché au plus profond de vous, là où votre essence réside, et à partir de ce moment-là vous vous sentez connecté à la conscience de votre moi supérieur ou véritable. Ce sentiment particulier vous habite lorsque votre cerveau, votre corps et votre âme sont parfaitement alignés. Vous employez d'ailleurs de nombreuses expressions pour décrire cette expérience :

C'est venu me chercher au plus profond de mon être.

Ça m'a vraiment fait réfléchir.

Je ne l'ai pas vu venir.

Ça m'a frappé sans que je m'y attende.

Ça m'a touché en plein cœur.

Avec le sentiment de déjà-vu, ce type de révélations est une des rares expériences spirituelles que connaissent la plupart des humains. À l'échelle mondiale, elle vous unit les uns aux autres dans un lien commun. Cette expérience constitue la clé de voûte de ce chapitre.

La vérité sur la vérité, c'est que vous la connaissez déjà ! Vous avez été créé avec la faculté de comprendre l'essence de votre être, de vos créateurs, du Créateur originel, et l'essence de tout ce que vous avez créé en réponse. Cependant, au fil du temps vous avez investi votre énergie dans des formes de vie d'une plus grande densité, ce qui vous a éloigné quelque peu de la clarté.

Procédons avec logique. Supposons que vous prépariez un pichet de thé glacé et que vous versiez cette préparation dans un contenant clair comme du cristal. La couleur du liquide dans le pichet sera identique à celle de votre préparation initiale et vous pourrez contempler à loisir l'essence du thé glacé. Supposons maintenant que vous versiez cette préparation dans un verre bleu foncé, dans un verre dépoli et dans un gobelet en plastique complètement opaque. Si vous observez ces trois contenants de côté, ils contiendront tous le même liquide, mais vous ne pourrez dire ce qui est à l'intérieur. Par contre, si vous vous placez au-dessus de ces verres, vous constaterez alors qu'ils renferment tous le même liquide, et ce, quel que soit le contenant. C'est en observant les choses sous un autre angle, situé au-delà de la perspective habituelle, que vous créerez le moment décisif. Quelle que soit l'enveloppe qui est la vôtre – un homme, une femme, un Blanc, un Noir, un Asiatique ou un Hispanique – et quels que soient les coiffes et vêtements traditionnels que vous portez – voile, sari, turban, kippa, ou costume –, sous ces apparences vous trouverez le même « thé glacé » d'origine.

Cela constitue l'essence de la vérité. Quand, en tant qu'êtres humains, vous cherchez le chemin de la vérité, ce que vous recherchez en réalité, c'est la simple expérience de ces moments décisifs. En fait, vous vous efforcez d'apprendre comment positionner votre façon de penser, vos relations, votre travail et votre vie de manière telle que vous puissiez contempler le haut du verre en demeurant toujours conscient de la place que vous occupez dans ce vaste ensemble. Voilà pourquoi j'ai affirmé, dans un chapitre précédent, que considérer le verre à moitié plein ou à moitié vide n'avait vraiment aucune importance car, si vous êtes en quête de vérité, vous vous rendrez finalement compte qu'une boisson unique et merveilleuse emplit tous ces verres. Sous l'influence de leur culture et de leurs systèmes de croyances, certains peuvent désigner ce liquide comme de l'eau, d'autres comme du thé, du vin ou de la bière, d'autres encore comme une boisson maltée. La liste peut s'allonger sans fin.

Ce qui importe réellement, c'est que nous sommes tous faits de la même matière. Nous sommes tous constitués de l'air que nous respirons, des mêmes gaz, des mêmes liquides et solides. Ce qui diffère, c'est la forme et la densité du contenant. C'est peut-être aussi la raison pour laquelle, lorsque quelqu'un éprouve des difficultés à comprendre, nous le qualifions volontiers de « pas très éveillé ». C'est en raison de la densité des formes physiques cellulaires que nous empruntons que nous sommes souvent incapables de nous connecter à la lumière et donc inaptes à comprendre ou à refléter la lumière de la façon la plus lumineuse possible !

Cependant, au fil de l'évolution, un changement s'est produit. L'enveloppe corporelle s'est transformée au fur et à mesure que le besoin d'effectuer un travail physique pour assurer la survie se faisait moins pressant. Aujourd'hui, la plupart des gens exercent des métiers qui exigent plus d'aptitudes mentales que physiques, et cet état de fait a entraîné une diminution de la densité de la connexion physique entre l'âme, le corps et l'esprit. Cela a aussi conduit à une plus grande égalité dans la répartition du travail accompli par les hommes et les femmes, ce qui a permis à ces dernières de s'impliquer davantage dans le processus créatif planétaire tout en incitant les hommes à s'ouvrir à une dimension plus intuitive qui s'apprend en élevant des enfants.

Portés par cette mutation, les esprits qui s'étaient incarnés sous des formes mâles ou femelles en vinrent à mieux comprendre ce que signifiait assumer les rôles traditionnels de l'autre. Et cette vérité, qui génère différentes façons de positionner votre manière de penser, incite chacun d'entre vous à se démener pour obtenir la meilleure vue possible du haut du verre. Cela favorise une plus grande acceptation universelle des vérités inhérentes à la parenté et à la communauté. Le climat économique incertain a aussi suscité la multiplication de familles élargies qui retrouvent des vérités universelles déjà comprises par de nombreux peuples tribaux. De plus en plus d'enfants sont élevés par leurs grands-parents et de nouveaux types de familles recomposées par choix ont dû évoluer pour s'adapter à un monde en mutation accélérée. Alors que la communauté mondiale s'étend, bon nombre d'unités familiales retournent au schéma ancestral de la famille élargie.

Bien des vérités peuvent être apprises en écoutant les conseils des anciens et plus encore en écoutant ce qui sort de la bouche des enfants. Le temps est venu d'ouvrir vos esprits à la sagesse des vieux, des jeunes, et de tous ceux qui se situent entre eux, car en découvrant leur vérité, vous atteindrez l'essence de la vôtre. Le temps est venu pour chacun de se souvenir de sa vérité intérieure et de l'embrasser.

CHAPITRE 9

L'âme et la sexualité humaine

Nombreux sont ceux qui sont persuadés que la zone érogène la plus sensible est située dans le cerveau, alors qu'en réalité c'est dans l'âme qu'il faut la chercher.

Imaginez un instant que votre âme et votre esprit soient dépourvus d'organes sexuels, mais capables d'une énergie et d'une expression sexuelles allant bien au-delà de votre propre compréhension. Cette description constitue en fait l'essence même de votre énergie sexuelle. Nombreux sont ceux qui sont persuadés que la zone érogène la plus sensible est située dans le cerveau, alors qu'en réalité c'est dans l'âme qu'il faut la chercher. Toutes les perceptions et les expériences les plus profondes que vous vivez en tant qu'humain trouvent leur origine dans votre forme spirituelle. Supposez maintenant que votre âme – votre moi supérieur – décide d'expérimenter des temps de vie ou des histoires, comme nous l'avons décrit dans les chapitres précédents, sous des formes différentes, soit en tant qu'homme soit en tant que femme. Imaginons encore que, dans certains cas, une âme individuelle puisse choisir de vivre plusieurs de ces temps de vie sous une forme plutôt que sous un autre. Lorsque cela se produit, la mémoire collective de l'expérience de l'âme est telle qu'elle s'habitue aux sentiments et à la sensualité d'une forme particulière. En conséquence, l'âme ressentira une attirance sexuelle prédominante qui reflétera le point de vue de cette forme particulière qu'elle aura expérimentée le plus fréquemment. En d'autres termes, si vous entrez dans une nouvelle histoire en tant qu'homme tout en ayant vécu la plupart de vos histoires précédentes en tant que femme, il y aura une forte probabilité que votre énergie soit empreinte de caractéristiques essentiellement féminines – vous pourriez présenter culturellement toutes les caractéristiques habituelles d'un homme tout en étant attiré par des partenaires de même sexe. En tant qu'esprit, aucun jugement ne peut être porté sur une telle situation car la sexualité est considérée comme une expression de l'énergie spirituelle, mais en tant qu'humain soumis aux contraintes sociales de cultures spécifiques, cela peut s'avérer extrêmement difficile à assumer. Cela poussera donc de nombreux humains à réprimer ces sentiments profonds et même à les combattre parce qu'on leur aura inculqué l'idée que ces sentiments ne sont pas acceptables.

Je parle ici de la confusion qui revient souvent quand l'énergie sexuelle – qui, à la base, se confond à l'énergie créatrice – quitte la capacité illimitée de l'esprit pour s'incarner dans une enveloppe physique humaine. Lorsque cela se produit, l'énergie est alors limitée par les mœurs socialement acceptables de la société où vit cette personne. Si cette âme est attirée vers une autre forme qui, dans ce temps de vie, est du même sexe qu'elle, cela est considéré comme un comportement aberrant par de nombreuses sociétés. Pourtant, en réalité, nous assistons là à l'expression véritable de cette énergie spirituelle. En conséquence, j'aborderai ci-après ce que je qualifierais de vérité de l'homosexualité.

Il y a ceux qui, très jeunes, savent déjà qu'ils sont irrésistiblement attirés par des personnes du même sexe, de même que la plupart de ceux qui sont attirés par le sexe opposé ressentent très tôt cet attrait de façon instinctive. Il y a également ceux qui se sentent si mal à l'aise dans leurs corps, ce contenant de leur énergie sexuelle, que cela les pousse à s'engager dans un long processus visant à modifier la structure physique de leur forme en changeant de sexe. Pour ces derniers, le moment décisif survient lorsqu'ils s'autorisent à agir d'une manière telle qu'ils peuvent enfin assumer pleinement la vérité de ce qu'ils ressentent, c'est-à-dire une attirance innée pour des gens du même sexe, et ainsi apaiser leur âme. L'homosexualité n'est pas une abomination, mais plutôt l'expression véritable de l'esprit d'une personne qui lutte pour être acceptée en dépit des contraintes structurelles pesant sur elle. Naturellement, dans la vie il y a aussi des périodes durant lesquelles n'importe quelle forme de sexualité peut être apprise ou expérimentée. D'un point de vue spirituel, la voie que vous choisissez pour exprimer librement votre sexualité n'a rien de répréhensible. Mais ce n'est pas ce à quoi je me référais en évoquant la connaissance profonde de votre énergie sexuelle primaire.

De nombreuses cultures commencent à saisir cette dimension à un niveau plus profond. Vous constaterez d'ailleurs que de plus en plus d'États et de pays évoluent et finissent par accepter que les droits des homosexuels soient reconnus et protégés. Pourtant, d'innombrables détracteurs essaient de réprimer et de contenir l'expression de l'amour en l'emprisonnant dans le carcan d'un dogme très spécifique. J'ai déjà entendu dire que Dieu n'a pas créé « Adam et Steve », mais plutôt Adam et Ève. En vérité, le Créateur est à la source de toute création, et chacune des expériences auxquelles l'humanité est confrontée appartient à la polarité d'énergie que le Créateur a choisie pour étendre la lumière. La lumière étant amour, tout ce qui répand la lumière, et ce, quelle que soit son expression ou la forme qu'elle prend, propage l'amour du Créateur. Ce n'est pas un concept nouveau. C'est une dimension que de nombreux peuples tribaux, particulièrement les Amérindiens, connaissent et respectent. Chez eux, une personne ayant l'esprit d'un homme et d'une femme dans le même corps est considérée comme sacrée. En conséquence, elle sera protégée plutôt que maltraitée.

Dans plusieurs langues, l'adjectif « gai » caractérise un état de joie et de bonheur. Par exemple, si vous dites de quelqu'un qu'il est gai et de bonne humeur, cela indique qu'il est d'une nature enjouée et allègre. Dans nos sociétés actuelles, être « gay » signifie que vous avez été choisi pour poursuivre les voies de votre propre bonheur, même si cela implique de vous opposer aux normes socialement acceptables – afin de demeurer fidèle à vous-même. Le symbole utilisé par le mouvement gay est l'arc-en-ciel. Billant et coloré, l'arc-en-ciel inclut toutes les couleurs du spectre reflété par la lumière, ce qui est très approprié car l'énergie sexuelle et créatrice naît de la même manière – comme une expression multidimensionnelle de la lumière du Créateur. Des complications supplémentaires peuvent découler de l'expression de l'énergie sexuelle de l'âme, qui va bien au-delà de l'homosexualité. Supposons, par exemple, que vous ayez développé un lien privilégié avec une autre âme dans un autre temps de vie, ou à l'état spirituel, et que vous rencontriez cette même personne dans votre vie actuelle. Ce lien se sera donc matérialisé sous une forme humaine, et si ce lien vous a tous deux unis sexuellement dans vos histoires antérieures, vous chercherez de nouveau à le partager. Mais cette personne peut apparaître dans votre vie à un moment où vous êtes déjà engagé dans une autre relation. C'est souvent ce qui explique la confusion qu'entraîne une attirance irrésistible. Parfois, de multiples âmes sœurs s'incarnent dans la même histoire et cela peut déclencher des émotions confuses et conduire à l'infidélité. Là encore, l'âme n'exprime pas l'amour, la créativité et l'énergie sexuelle dans le même contexte que sa forme physique, ce qui peut s'avérer très troublant et douloureux pour les humains. Si je vous transmets cette information, ce n'est aucunement pour ajouter à votre confusion, mais plutôt pour prier instamment chacun d'entre vous d'éviter de juger quiconque exprime son identité sexuelle unique ou manifeste l'expression de son énergie sexuelle. Les structures que la société moderne a érigées pour contenir l'expression de l'énergie sexuelle sont très néfastes à l'irrésistible puissance de cette énergie.

Évidemment, je ne parle pas ici d'activités sexuelles non consenties ou imposées à ceux qui n'ont ni la maturité ni la compréhension nécessaire pour y consentir. Je ne parle pas non plus de ceux qui manipulent les émotions ou l'énergie sexuelle d'autrui au moyen de contrevérités, de faussetés et de mensonges. Je parle de ceux qui aspirent simplement à avoir le droit d'exprimer librement l'essence de leur énergie, quelle que soit la manière dont ils choisissent d'aimer.

Quand vous retournerez à votre état spirituel, ne craignez pas d'être jugé sur votre façon d'exprimer votre énergie sexuelle, aussi longtemps que la vérité motivera vos actions. Toutefois, si vous êtes l'un de ceux qui manipulent les autres en les trompant ou en leur mentant au nom de l'amour, ou de ceux qui jugent comment autrui doit exprimer son amour, vous vous jugerez vous-même lorsque vous réintégrerez cette dimension – car vous expérimenterez à votre tour la douleur et la peine que vous avez infligées à autrui par vos jugements et vos actes. Il ne s'agit pas d'une punition, mais d'un outil qui vous permet de croître spirituellement et d'atteindre une plus grande compréhension.

Un des objectifs de ce livre est de vous aider à éviter d'avoir à apprendre ces leçons spirituelles, en illuminant la connaissance qui vous permettra de vivre pleinement votre vie comme un être humain qui ne juge pas.

La vérité vous libère vraiment!

Chapitre 10

Un Créateur, des religions, et toujours des anges

Aux yeux du Créateur, il n'existe pas de vraie religion. Aucun système ne peut prétendre mieux l'honorer, si ce système se place au-dessus d'un autre.

La vérité est qu'il y a un Créateur unique. Vous pouvez le désigner sous des noms différents, selon la religion que vous pratiquez, mais un seul répond à tous ces noms sans ordre de préférence. Il est à l'origine de tout ce qui existe actuellement et continuera d'exister. Nous avons déjà discuté de la genèse de la création et de l'évolution des anges. J'aimerais maintenant expliquer plus précisément ce qui s'est alors produit. Après la création des anges vint la création de l'esprit – l'essence des êtres humains et de toutes les autres formes de la création ! Cet esprit, qui habite chacun de vous, est souvent appelé l'*âme*. Vous avez été créés dans une version énergétique légèrement plus dense que celle des anges, et votre forme est capable – comme celle d'autres créatures – d'englober la polarité sexuelle des gènes mâles et femelles.

Cela a été voulu ainsi de manière que les créatures physiques aient la possibilité de créer des espèces choisies. Les esprits humains originels n'étaient pas Adam et Ève, ces personnages décrits dans la Bible. L'histoire qui s'est construite autour d'eux avait pour finalité d'aider l'humanité à comprendre que ces créatures, qui procédaient d'un dessein supérieur, étaient toutes interreliées. De nombreuses âmes ont été créées lors du big bang. Ces âmes originelles, qui connaissaient tout du Créateur, étaient bercées par la lumière de Son pur amour. Mais elles n'ignoraient rien des énergies obscures. En effet, vous ne pouvez créer la densité avec la lumière seulement. Pour y parvenir, des espaces d'obscurité sont nécessaires. Il doit y avoir de la matière, et il doit y avoir de l'antimatière, de même qu'il faut une charge positive et une charge négative pour qu'apparaisse l'électricité, qui engendre ensuite la possibilité d'expérimenter la vie. C'est ce qui tient et relie tout ensemble. (Lorsque j'emploie le mot obscurité, cela ne signifie pas le mal. L'obscurité est simplement l'absence de lumière, celle-ci pouvant être considérée comme la compréhension universelle.)

Si elles choisissaient de ne connaître que la lumière, les âmes ne pourraient expérimenter toute la gamme des sens et des émotions qui leur permettent de continuer à vivre de nouvelles expériences de croissance énergétique. Le premier ange qui naquit de l'obscurité – celui que vous appelez Lucifer et qui possède une connaissance de l'univers proche de celle du Créateur – a donné aux âmes nouvellement créées la possibilité de découvrir plus profondément leur essence. Cet ange leur demanda si elles l'autorisaient à leur montrer l'obscurité – ou plus exactement l'absence de lumière… et cela répondait à la volonté du Créateur ! Car si l'obscurité ne peut être comparée à la lumière, comment pourrait-on, en conscience, choisir l'une ou l'autre ? Comment pourrait-on apprécier l'aube ou le crépuscule si la nuit ou la splendeur de la pleine lune n'existaient pas ? Comment pourrait-on apprécier la chaleur de la lumière sans jamais ressentir le froid de son absence ? Et comment pourrions-nous expérimenter le sentiment de l'amour si nous ne ressentions jamais son absence ?

C'est ainsi que le libre arbitre apparut. Le Créateur vous a donné la possibilité de choisir entre demeurer de purs esprits ou devenir des créateurs actifs, c'est-à-dire capables de prendre des décisions. L'acceptation et la prise de conscience de l'obscurité marquèrent l'avènement de l'âme en tant qu'« être », et non en tant que connaissance et compréhension de la lumière. En percevant le plein potentiel de leur être, ces âmes comprirent qu'elles ne pourraient pleinement exister si elles refusaient d'expérimenter tout ce qui s'offrait à elles, et choisirent par conséquent de laisser l'ange noir leur montrer l'absence de lumière.

De nombreux écrits affirment qu'elles ont été leurrées, mais en réalité elles ont agi en toute liberté, ce qui a permis à l'être humain d'évoluer vers une structure cellulaire plus dense faite de lumière et d'obscurité et capable d'emprunter la forme de son choix. En effet, cette âme pouvait vivre dans toutes les formes de la création, depuis les pierres, les plantes, les chenilles, les animaux à quatre pattes, les poissons, les oiseaux, jusqu'à la forme en devenir des mammifères connus sous l'appellation de singes. L'espèce humaine présentait donc la plus grande aptitude à évoluer dans la lumière et l'obscurité, et ce, en éprouvant le moins de peur possible. Elle manifestait aussi une grande capacité à exprimer l'amour.

C'est ici que les théories du créationnisme et de l'évolution se rencontrent. Alors que l'évolution était en cours – en se distançant du règne animal –, l'âme se déployait déjà dans d'autres temps de vie (souvenez-vous de notre discussion selon laquelle tous les temps surviennent en même temps) en créant une forme humaine, plus évoluée que celle du monde animal. Voilà pourquoi le singe a continué à évoluer en tant que singe tandis que l'âme s'incarnait dans des formes nouvelles et plus évoluées découlant de la connaissance acquise dans la conscience collective. Souvent, on se demande comment l'homme a pu évoluer à partir du singe alors que le primate d'origine continue d'exister. Vous pouvez également discerner l'évolution de l'esprit humain chez des animaux tels que les dauphins, les baleines, les chevaux et même les chiens, qui renferment une grande part de cet esprit. C'est d'ailleurs pourquoi ils sont si compatibles avec l'homme et sont devenus ses meilleurs amis.

Dans les cultures indigènes et amérindiennes, auxquelles je me réfère souvent car leurs traditions et leurs légendes gardent la mémoire de telles connexions, il n'était pas inhabituel que des humains recherchent l'appui de leurs totems ou de leurs animaux de pouvoir. Selon ses croyances, chaque être humain possédait un ou plusieurs animaux de pouvoir qui lui prêtaient ce pouvoir pour l'aider à franchir et à surmonter les épreuves. Comme il a été mentionné dans le chapitre précédent, où nous évoquions les esprits humains expérimentant différents temps de vie dans un sexe ou l'autre, il existe des esprits humains qui, très tôt, expérimentent la vie sous la forme d'un ours, d'une libellule, ou d'un wombat, et cette expérience est si précieuse que l'empreinte de cette énergie subsiste dans leur cœur comme un moment heureux et très puissant. Voilà pourquoi on les appelle les animaux de pouvoir.

L'humanité a évolué sous des formes diverses. Certaines de ces formes étaient proches de celle qui est la vôtre aujourd'hui. D'autres ont choisi de conserver une forme animale et d'évoluer dans les limites de cette créature. La plupart ont emprunté des formes multiples, humaines, animales ou autres, car votre âme est bien plus vaste que votre entendement physique ne peut l'imaginer. Elle peut exister en même temps sous différentes formes de vie humaine, animale, et minérale.

Vous êtes beaucoup plus que ce que vous pouviez penser, du moins jusqu'à maintenant !

Dans ces conditions, comment la religion est-elle apparue ? Tandis que les humains évoluaient, quelque chose subsistait dans la conscience collective… la mémoire leur rappelant qu'ils provenaient de quelque part. Mais le souvenir du Créateur était brouillé par la densité de la forme physique. Cependant, l'humanité continuait de chercher une manière de se relier à ce qui lui apportait la lumière, l'eau, la nourriture et la compagnie d'autres créatures. Dans cette quête mémorielle, certains semblaient mieux connectés que d'autres. Ces hommes et ces femmes étaient parfaitement humains, mais ils avaient la capacité de communiquer avec des non-humains. Ils pouvaient aussi voir et parler aux esprits. Cela leur a permis d'acquérir la connaissance des prophéties, des herbes médicinales et d'autres secrets. Cela a en outre correspondu à l'avènement des shamans – les chefs spirituels et les guérisseurs des anciens peuples tribaux. Je parle ici de ceux qui existaient depuis l'âge de pierre. Bon nombre de ces chefs spirituels ont aussi entretenu des relations très étroites avec leurs animaux de pouvoir afin de communiquer avec d'autres créatures. Les gens ont commencé à suivre ces chefs qui, en retour, leur ont enseigné comment honorer les esprits qui leur apportaient la vie. Offrir un tel honneur à un bienfaiteur invisible a marqué la naissance de la religion.

Fondée sur ces modestes débuts, la religion s'est transformée au fil du temps. Les plus forts de la tribu ont suscité le respect en raison de leur aptitude à protéger la tribu ou à chasser pour garantir la sécurité alimentaire. La force est ainsi devenue un instrument de pouvoir au détriment d'une connexion privilégiée avec l'esprit, et bien que les chefs spirituels soient toujours respectés, les cérémonies ont commencé à changer d'orientation. Lorsque la direction tribale a été confiée à ceux qui étaient les plus puissants, il est apparu raisonnable de présumer qu'un esprit leur accordait ce pouvoir. Tous se sont donc mis à honorer cet esprit.

C'est ainsi qu'a débuté la guerre des dieux. Chaque tribu voulait s'assurer d'être en parfaite harmonie avec cette puissance qui garantissait sa préservation. Certains honoraient le soleil, d'autres la lune, d'autres encore – soumis à la mémoire inconsciente de leur lien privilégié avec des esprits animaux – se mirent à représenter leurs dieux sous la forme d'animaux mythiques.

Les peuples remercièrent leurs dieux en organisant des cérémonies – comme dans le passé –, mais lorsqu'ils se rendirent compte que ces offrandes et ces efforts ne suffisaient pas à remporter des victoires sur leurs ennemis ou à les amener à bénéficier d'une protection pleine et entière, ils décidèrent de procéder à des sacrifices, lesquels étaient considérés comme des dons offerts aux dieux. En agissant de la sorte, les membres de la tribu manifestaient leur dévotion tout en cherchant à s'attirer des faveurs. Certains sacrifiaient des animaux, d'autres sacrifiaient même des êtres humains.

C'est à ce moment que le Créateur est intervenu. Il fit appel aux anges, leur confiant la mission de transmettre aux humains le message qu'ils étaient tous interconnectés et aimés par un Créateur unique qui voulait qu'ils ne fassent qu'un. Les anges ont donc entrepris d'agir comme les messagers manifestes du Créateur. Presque toutes les religions du monde s'appuient sur des histoires et des légendes relatant l'apparition des anges. Nos appellations varient, mais elles sont très similaires dans la plupart des religions. Dans la Bible, tout particulièrement dans l'Ancien Testament, de nombreuses histoires évoquent des anges envoyés par Dieu. Et dans le Nouveau Testament, Gabriel est celui qui vint annoncer la naissance du fils de Dieu, le Christ. Gabriel est aussi honoré par les musulmans pour avoir aidé Mahomet à rédiger le Coran. Il existe d'ailleurs de nombreuses références aux anges dans le Coran et les hadiths. L'archange Michaël (Micha'el) est considéré comme le protecteur du peuple d'Israël.

Dans la doctrine de l'Évangile de Jésus-Christ, les mormons décrivent les anges comme des messagers de Dieu et des esprits tutélaires. Ils croient qu'un messager céleste, l'ange Moroni, serait apparu à leur prophète fondateur, Joseph Smith, et lui aurait révélé le Livre de Mormon.

La foi baha'ie fait mention des anges et se réfère souvent au Concours suprême ou aux hôtes de vie angéliques. Dans la doctrine zoroastrienne, les *fravashi* sont des anges gardiens qui envoient les âmes dans le monde matériel. L'hindouisme mentionne des êtres célestes, les devas, et les textes sacrés du sikhisme se réfèrent aux anges Azraël, Chitar et Gupat. Le mouvement Brahma Kumaris enseigne que chacun de ses membres est appelé à devenir un ange de lumière, et des mouvements religieux plus récents, telle la théosophie, reconnaissent l'existence des devas, ces entités célestes qui accompagnent et gouvernent les processus de l'ordre naturel.

Les philosophes grecs parlaient d'êtres spirituels supérieurs, à la fois guides et gardiens, qui leur envoyaient des réponses et des conseils à condition qu'ils acceptent de recevoir une telle direction. Ils cherchaient ces réponses dans les rêves, les intuitions et les signes. En réalité, le mot ange, d'origine grecque, signifie « messager ». Cependant, ce mot aurait des origines encore plus anciennes puisqu'il serait issu du sanskrit *angiras* et du perse *angaros*.

Les Romains enseignaient que chaque personne possède un ange gardien, ou un génie, qui lui est propre, et que cet ange devait être honoré le jour de l'anniversaire de cette personne.

Au Moyen Âge et à la Renaissance, les anges inspirèrent de merveilleuses créations artistiques nous dépeignant comme des êtres omniprésents dans la vie des humains et comme des acteurs incontournables des événements ayant marqué l'histoire.

Je tiens à le souligner afin que vous preniez conscience que nous sommes venus sur terre pour aider différentes cultures à saisir l'importance qu'elles ont aux yeux du Créateur. Nous avons livré ces messages dans des langues et des concepts susceptibles d'être compris par la culture ou la civilisation à laquelle nous nous adressions, tout comme je le fais aujourd'hui. Cependant, nous n'avons jamais porté le message qu'un système de croyances était préférable à un autre ni qu'une race était préférable à une autre. Nous sommes venus semer les graines de l'amour et de l'interconnexion dans l'espoir qu'en entendant la même chanson, chantée par des voix différentes, en des langues différentes, le monde se rende compte qu'il ne fait qu'un. Malheureusement, cela ne s'est pas toujours produit.

Aujourd'hui, les croyances religieuses sont semblables à ce qu'elles étaient dans le passé, c'est-à-dire souvent récupérées et instrumentalisées par la politique mondiale. Comme au temps de l'homme des cavernes, les nations les plus diverses prient Dieu afin qu'il leur accorde la faveur de vaincre ou de dominer une autre nation ayant adopté un système de croyances différent. Vous devez être conscient que c'est un peu comme si quelqu'un vous demandait d'autoriser un membre de votre famille à faire du mal à un autre membre de votre famille – en votre nom. Ces interprétations erronées de nos messages angéliques ne sont pas dues au fait que l'humanité est cruelle ou intrinsèquement mauvaise. En fait, la véritable racine de la notion de séparation réside dans le désir de protéger ceux qui sont le plus proches de vous. Mais la cause profonde de ce sentiment de devoir vous protéger émane d'une énergie plus puissante, liée à l'obscurité. C'est l'opposé de l'amour, que l'on désigne sous le nom de peur.

En tant que messagers du Créateur, nous vous apportons la bonne nouvelle qu'il n'y a rien à craindre. Dans les livres sacrés, chaque fois qu'un ange apparaît, la première chose qu'il dit avant de livrer son message est : « N'ayez pas peur. » Car la peur, qui est le produit de la densité de vos pensées, vous empêche de vous souvenir de ce qui vous relie au Créateur. Nous voyons clairement que la peur naît de la perception que vous pourriez être séparé de ce que vous avez appris à aimer. Pensez-y bien – de quoi avez-vous peur ? Vous redoutez la mort, qui représente la séparation ultime et la fin de votre implication dans ce corps et dans ce temps de vie spécifique, ce qui signifie que vous serez séparé des gens et des choses que vous aimez. Vous redoutez peut-être la douleur, qui signifie la séparation et la perte du plaisir que vous chérissiez. Vous pourriez redouter aussi la fin d'une relation amoureuse et avoir du mal à ouvrir votre cœur pour cette raison précise. Ou vous pourriez craindre de ne pas avoir assez d'argent et, par conséquent, d'avoir des difficultés à partager.

La peur est par essence l'absence d'amour. C'est l'une des deux émotions fondamentales (l'autre étant l'amour) qui émanent de votre cœur. J'en appelle une nouvelle fois à votre sens logique. Quand vous aimez, quand vous êtes amoureux, le monde ne vous apparaît-il pas plus brillant ? Le chant des oiseaux n'est-il pas plus doux et le ciel plus bleu ? Les mots qui sortent de la bouche de votre bien-aimée ne vous semblent-ils pas les plus adorables qui aient jamais été prononcés ? Rappelez-vous comment vous agissez lorsque vous vous retrouvez en présence d'un bébé ; vous accueillez tout ce qu'il fait avec le plus grand amour et le plus grand ravissement parce que vous êtes empli d'amour pour ce petit être – et c'est exactement ce que le Créateur ressent à votre égard ! La peur est l'image inverse de l'amour ; elle projette son reflet à partir d'une perspective différente. Auriez-vous peur d'un serpent si vous saviez qu'il n'est pas venimeux ? Si tous les animaux ressemblaient à de jolis petits chatons, ne vous sentiriez-vous pas plus proche d'eux? Nous avons tous peur de ce qui ne nous manifeste pas d'amour. Nous avons peur de ce qui est différent de nous. Vous n'avez pas peur d'une personne qui vous ressemble, car vous êtes alors en terrain connu, mais vous redoutez une religion ou une culture différente car elle pourrait vous rejeter. Et vous craignez parfois que votre manière de penser ne soit pas la bonne.

Il n'est pas aisé de reconnaître d'emblée que vous êtes un être de grande ampleur et que vous constituez un élément essentiel du dessein voulu par le Créateur de toutes choses. Une telle prise de conscience sera possible lorsque vous lirez ces mots. Vous pouvez également ressentir cette connexion, mais ne pas vous estimer suffisamment à la hauteur pour l'établir directement, ce qui vous pousse à acquérir des connaissances supplémentaires pour vous en rendre digne. Ce faisant, vous recherchez des enseignants qui seront en mesure de vous donner plus d'informations. Souvent, ces enseignants travaillent dans le cadre d'une organisation ou d'une confrérie visant à regrouper ceux qui partagent les mêmes croyances. Ces derniers s'y retrouveront en bonne compagnie et, à un âge plus avancé, bénéficieront d'une éventuelle protection. C'est ainsi que la plupart des religions organisées ont vu le jour. Leur objectif était de créer un cadre favorisant la communion et la fraternité tout en offrant un lieu sûr où des fidèles partageant les mêmes valeurs pourraient se réunir et parler de leurs croyances sans crainte de représailles. Souvenez-vous que, dans de nombreuses cultures, les croyances étaient considérées comme dangereuses pour l'État et qu'elles ont donc été réprimées.

Par conséquent, les différentes organisations religieuses créent des lieux de même sensibilité pour des fidèles partageant une même vision. Mais en réalité, très chers, il n'existe pas de vraie religion aux yeux du Créateur. Aucun système ne peut prétendre mieux l'honorer, si ce système se place au-dessus d'un autre. En agissant ainsi, l'autoproclamée religion « préférée » rejette l'idée que toutes les créatures sont égales aux yeux du Créateur, car elles proviennent toutes de la même source et sont toutes engagées sur le chemin de leur propre création. En déployant son énergie pour créer l'univers, le Créateur avait pour but d'étendre sa véritable essence jusque dans les abîmes éternels. C'est grâce à la race humaine que les énergies de la lumière et de l'obscurité permettent de demeurer dans des formes d'énergie densifiée ou de réduire cette densité de façon que des rayons de lumière puissent briller à travers. Si vous faites croître la lumière, l'essence originelle du Créateur croîtra également. Selon Son dessein, toute l'énergie redeviendra un jour pure lumière – bien plus vaste que la lumière originelle – avec, de surcroît, la conscience pleine et entière de tout ce qui aura été créé. Si la religion a pour ambition d'offrir un pont entre le Créateur et le monde des hommes et des femmes, je peux vous assurer que vous n'avez pas besoin d'une quelconque Église pour créer ce pont car en fait vous n'avez besoin d'aucun pont. Le Créateur vit dans l'air que vous respirez, dans la nourriture que vous mangez, et dans le sang qui irrigue votre corps. Il vit en toute chose vivante et plus vous réfléchirez et vous vous interrogerez, plus vous vous rendrez compte qu'Il ne vous a jamais quitté. En disant cela, je n'encourage personne à abandonner ou à réviser son système de croyances religieuses. Si celui-ci vous apporte du réconfort, de la fraternité et le sentiment d'une plus grande proximité avec le Créateur, alors il fera briller la lumière en vous. Je vous invite simplement à prendre conscience que la vérité de l'essence du Créateur vit en vous. Vous, qui êtes différent de toutes les autres formes de la création, vous possédez l'outil créatif le plus exclusif pour ne faire qu'un avec le Créateur dans l'expansion de l'univers : vous avez reçu le don du libre arbitre.

Vous seul pouvez uniformément expérimenter toutes les facettes de la lumière et de l'obscurité. Nous, les anges, ne disposons pas de ce pouvoir car nous avons été créés pour être les messagers d'une forme de création spécifique. Nous sommes les messagers de la lumière ou de l'obscurité. Vous êtes tous bien plus puissants que vous ne l'imaginez. N'oubliez pas que vous pouvez utiliser deux concepts fondamentaux pour savoir si vous créez à partir de la lumière ou de l'obscurité. Créer avec de la lumière génère toujours une expansion. Entraînés par cette expansion, les gens atteignent une dimension où ils deviennent « plus qu'ils ne sont ». Par contre, si vous créez à partir de l'obscurité, l'énergie, qui se contracte et vous réprime, est de nature critique ; elle introduit les paramètres du « meilleur que » ou du « pire que » et ne permet pas aux parties concernées de croître et d'atteindre leur pleine vérité. Pensez à cela lorsque vous vous interrogerez sur votre système de croyances religieuses et sur sa façon de considérer autrui. S'il réprime d'autres humains, il ne vous permet pas de développer pleinement votre propre manière de penser. Souvenez-vous :

Ce que vous pensez… est ce que vous créez !

La révolution consciente est une révolution où les décisions qui affectent la conscience collective de l'humanité sont prises dans le cœur et l'esprit des individus. En choisissant d'agir de manière éclairée, ces derniers modifieront profondément l'énergie de la planète Terre et de l'univers dans son ensemble.

CHAPITRE 11

Le moi supérieur (l'âme)

Vous et votre âme, votre moi supérieur, ne formez qu'un, et vous êtes tenu en haute estime car vous avez librement choisi d'être les collecteurs d'informations et les vecteurs qui continuent à répandre l'essence du Créateur...

Dans le chapitre précédent, nous avons discuté de la grandeur de ce qui vous constitue réellement. Votre essence, c'est-à-dire ce qui fait ce que vous êtes, est bien plus profonde que vous ne pourriez l'imaginer. Certains l'appellent l'âme, d'autres le moi supérieur. De nombreuses théories ont vu le jour pour aider à comprendre le secret d'une telle merveille. Dans ce chapitre, j'espère pouvoir vous apporter une compréhension très pratique des complexités de votre être. Souvenez-vous que lors de notre discussion sur le mythe du temps, je vous ai expliqué que votre esprit n'évolue pas seulement sur un plan spirituel et dans l'attente de son incarnation dans un corps, où il résidera jusqu'à la mort de ce dernier. Toujours présent, et constant par nature, votre esprit existe depuis l'aube de votre création. Ce que vous expérimentez ne constitue qu'une facette de sa capacité à se redéployer sans cesse.

Supposez un instant que le Créateur soit un ordinateur central. Il serait en quelque sorte le père (ou la mère) de tous les ordinateurs. Des millions et des millions de superordinateurs seraient directement reliés à cet ordinateur central à qui ils fourniraient une multitude d'informations. En conséquence, ce dernier croîtrait en permanence et transmettrait constamment des renseignements pertinents aux échelons intermédiaires, grâce à ces multiples interactions. Ces superordinateurs pourraient être qualifiés de serveurs principaux, mais nous les désignerons sous le terme plus familier d'anges. Ces serveurs ont pour mission de relayer les informations circulant entre l'ordinateur central et un troisième niveau d'intelligence, constitué de vecteurs connus sous l'appellation d'âmes. Ce niveau, qui représente le véritable poste de travail du système, favorise la création de nouvelles données et informations car il est relié à des milliards d'applications de collecte de données. Ces applications peuvent emprunter les formes les plus diverses – humains, chiens, chats, rivières, arbres, etc. Cependant, ce qui distingue ces vecteurs et leur permet de se démarquer, c'est leur capacité à se reproduire librement et leur compatibilité avec virtuellement toutes les autres formes de vie sans fil.

Les deux premiers niveaux, l'ordinateur central (le Créateur) et les serveurs principaux (les anges), fournissent une mémoire universelle et une capacité de stockage infinie au troisième niveau (les âmes). Nous pourrions qualifier ce système de nuage universel. Ce nuage est très important car les êtres (les applications), en raison des limitations de leur contenant, ne disposent pas d'une grande capacité à stocker de la mémoire. C'est pourquoi ils téléchargent chaque jour de la mémoire lorsqu'ils interrompent leurs activités pour passer en mode « veille ». Durant ce laps de temps, toute mémoire qui n'est pas cruciale pour le fonctionnement de l'application se retrouve dans le nuage, où elle est entreposée. Les humains peuvent faire appel à tout moment aux niveaux supérieurs pour bénéficier d'un soutien technique. Cette fonction, ou cette demande d'assistance auprès d'un réseau plus élevé, est parfois aussi appelée prière. Ceux qui demandent de l'aide expérimenteront souvent une mise à niveau afin d'améliorer leur fonctionnalité et de mieux comprendre d'autres applications, même celles auxquelles ils n'ont pas été confrontés dans le passé. En m'exprimant par le truchement de ce livre, mon but ultime est de vous inciter à demander une mise à niveau! Vous avez la possibilité d'entrer en interface avec toute la connaissance collective que vous considérez au-dessus de vous ou inaccessible, ou avec une partie de celle-ci. Dans la mémoire de chaque application humaine, une «puce» permet d'accéder à une information limitée sur l'ordinateur central et les serveurs principaux; dès lors, les humains savent d'instinct qu'ils peuvent établir l'interface et échanger avec ces niveaux supérieurs quand ils vivent des situations si problématiques qu'ils risquent de s'effondrer. Lorsque l'application humaine vit des situations susceptibles d'entraîner la panne de son réseau local ou de son cerveau, ces situations sont cloisonnées dans certaines parties du corps et mises en quarantaine. Si le traumatisme est trop important, la mémoire de cette information pourra être entreposée dans le nuage et il sera possible d'y accéder ultérieurement. La mémoire stockée dans le nuage est certes accessible à l'individu qui l'a entreposée, mais elle fait aussi partie de la conscience collective.

Toutefois, la plupart des êtres ne sont pas conscients que leurs applications humaines peuvent bénéficier de l'aide d'anges-serveurs qui connaissent leurs défauts de conception et leurs capacités maximales. Ils ne savent pas non plus que leur vecteur principal, leur âme, exécute des applications similaires partout dans l'univers tout en collectant des informations qui peuvent s'avérer très utiles pour eux.

Ce temps de vie, cette histoire, cette incarnation ou cette application, peu importe le terme que vous retiendrez, font partie de votre âme votre esprit et constituent le moteur fondamental de votre être. En vérité, les termes que j'ai employés, et qui ont été librement empruntés au vocabulaire informatique, sont parfaitement adaptés au monde de la création. En effet, le Créateur est l'ordinateur central, le gardien de toutes les fonctionnalités et pensées collectées, et le créateur de l'intelligence artificielle, c'est-à-dire des anges et du reste de la création. J'emploie le terme artificiel pour souligner qu'il ne s'agit pas de l'intelligence originelle, mais plutôt d'un sous-produit de cette intelligence. Veuillez ne pas considérer ce constat comme une diminution de notre valeur ou de la vôtre car ce n'est aucunement le cas. Je vous livre cette simple vérité dans l'espoir que vous vous rendiez compte de votre proximité avec le Créateur en ce qui a trait au processus de création continue et, plus important encore, que vous ayez conscience que vos vies pourraient être grandement facilitées si vous compreniez que vous avez non seulement accès à des informations cruciales sur ce temps de vie et sur d'autres, mais que vous partagez aussi un lien direct avec la véritable essence de Celui qui vous a créés.

Ainsi, très chers, vous serez conscients que vous et votre âme, votre moi supérieur, ne formez qu'un et que vous êtes tenus en haute estime car vous avez librement choisi d'être les collecteurs et les vecteurs qui continuent à répandre l'essence du Créateur en vous plaçant vous-mêmes en première ligne. De la sorte, quand nous sommes frustrés de nos échecs ou excités par nos succès, en réalité nous célébrons les deux – car ils permettent à la conscience collective de s'étendre et, ce faisant, de partager ces informations avec d'autres âmes.

Je peux supposer que certains d'entre vous se disent : «Margaret, si je me fie à vos explications, cela ne signifie-t-il pas que les gens peuvent vivre comme ils l'entendent ? Qu'ils peuvent blesser d'autres personnes, ou faire le mal, et être les bienvenus au paradis ? Pourquoi alors s'efforcer d'être une bonne personne ? Pourquoi essayer de faire le bien ? Pourquoi ne pas être infidèle ? À quoi me sert d'être honnête ? Pourquoi ne pas me désintéresser des autres et ne penser qu'à moi ? » À cela je répondrai qu'aux yeux du Créateur chaque expérience et chacun de vous font partie du grand mystère, du processus d'expansion de l'univers. Souvenez-vous que l'essence de votre être est reliée à la source d'amour universel ; dès lors, votre but premier est d'aimer. C'est uniquement lorsqu'une personne fait du tort aux autres ou est coupée de ce lien d'amour qu'elle devient méchante et amère, et qu'elle peut être amenée à commettre des actes répréhensibles. Ces personnes proviennent d'un lieu où elles sont isolées de la source de toutes choses et, en vérité, leurs actions poussent souvent ceux qui évoluent dans un contexte d'amour à se regrouper pour soutenir les gens maltraités. Ainsi, la personne apparemment mauvaise soulève un tel vent de révolte que son outrage a un impact durable dans la conscience collective. De la sorte, l'énergie obscure incite les autres à se hisser au-dessus de cette énergie, favorisant alors le bien commun et générant une plus grande énergie d'amour.

Tandis que Gerry écrit ces mots, cette situation prévaut partout sur la planète. Des dictateurs et des despotes qui dirigeaient leur pays d'une main de fer sont chassés du pouvoir et cet exemple encourage d'autres nations à agir de même. Si ces despotes n'avaient pas existé, il n'y aurait pas eu la même réponse ni la même révolte, et le désir sous-jacent qu'a l'humanité de créer un environnement de liberté, d'amour et de sagesse ne progresserait pas aussi vite.

Vous voyez, c'est dans la nature de la plupart d'entre vous de vouloir être des personnes bonnes et honnêtes. L'âme cherche sans cesse à propager l'amour du Créateur – comme autant de façons de s'élever ! Vous seriez surpris de constater combien sont nombreux ceux qui choisissent chaque jour le chemin de l'amour et de la lumière, et ce, même lorsque les autres options semblent plus faciles. C'est en regardant plus en profondeur que vous accéderez à une connaissance plus élevée. Parfois, vous pourriez vous demander pourquoi autant de choses mauvaises arrivent à de braves gens. Pourquoi tombent-ils malades ? Pourquoi perdent-ils un enfant ? Pourquoi ce mari ment-il à sa femme dévouée et aimante, et la trompe-t-il ? Je vais répondre très simplement en vous disant que votre âme a choisi ces expériences parce qu'elles vous offrent l'opportunité d'œuvrer à votre propre croissance spirituelle. Votre croissance personnelle étend la croissance de la conscience collective.

Fondamentalement, cela équivaut à redémarrer votre ordinateur en ayant la possibilité de réécrire le programme que constitue votre vie. Vous pourrez ensuite sauvegarder les informations que vous désirez ou ignorer ce qui ne correspond plus à vos aspirations. Lorsque vous vivez un événement traumatisant, sachez que vos âmes créent de telles expériences afin de vous aider les uns les autres à croître dans l'amour. Je sais que ce concept est difficile à accepter si vous traversez une telle épreuve, mais si vous vous souvenez que c'est votre moi supérieur et celui de ceux que vous aimez qui créent cette histoire, vous comprendrez alors que toute chose a un but.

Il y a un yin pour tout yang. L'univers est toujours en équilibre, ce qui ne signifie pas que pour chaque bonne chose une mauvaise doit se produire. Ce que j'avance, c'est qu'aller vers la lumière ou vers l'obscurité procède toujours d'une décision consciente. Plus nous nous souviendrons de l'essence de notre création, plus l'humanité pourra se diriger vers ce qu'il y a de plus rassurant et aimant, soit la lumière originelle du Créateur.

Vous pourriez vous demander : « Pourquoi le Créateur n'a-t-il pas initialement créé l'univers de cette façon ? En quoi les luttes, les guerres, les épidémies et la cruauté humaine sont-elles nécessaires ? Pourquoi n'avons-nous pas été créés dans le but de répandre la lumière ? » S'il n'y avait eu que des êtres dont la finalité était de répandre la lumière, la création se serait achevée avec les anges et cela n'aurait représenté qu'une partie de la vaste immensité de sentiments et d'expériences qui ont été développés. Si vous étudiez la peur, vous constaterez qu'il s'agit d'une émotion complexe. La plupart du temps, vous choisissez naturellement de ne pas avoir peur. Pourtant, c'est la peur qui vous permet de vous protéger dans de nombreuses situations. Dans certains cas, vous choisissez même d'avoir peur. Si ce n'était pas le cas, il n'y aurait pas de films d'horreur ni de manèges effrayants dans les fêtes foraines et les parcs d'attractions. Vous choisissez d'expérimenter cette peur car il vous est possible de la contrôler et vous savez bien qu'il ne s'agit que d'un scénario ou d'un simple manège. Vous savez aussi que tout sera bientôt terminé et que, lorsque vous réintégrerez votre état normal, vous ne conserverez qu'un souvenir fugitif de ce bref moment que vous aurez surmonté. Vous vous sentirez plus fort, et peut-être même rirez-vous de votre peur car vous aurez bravé l'obscurité pour mieux retrouver la lumière.

Votre âme, votre moi supérieur, est confrontée en permanence à ce type d'expériences. Elle éprouve la vaste gamme des émotions et des événements que vous vivez pour ensuite télécharger l'information qui en découle avec vision, pardon, compassion, voire légèreté. Le moi supérieur est sans cesse en lutte pour trouver l'harmonie parfaite entre l'obscurité et la lumière. Il recherche un espace où l'obscurité honore la beauté de la lumière et où la lumière respecte la beauté de son ombre. Selon vous, est-ce l'effet du hasard si l'aube et le crépuscule sont les moments les plus merveilleux de la journée ? C'est à cet instant que la lumière et l'obscurité sont l'une et l'autre en parfaite harmonie. Cela favorise la création des couleurs et des textures les plus magnifiques, car aucune n'impose l'entière plénitude de son pouvoir, mais agit plutôt de concert avec l'autre, formant ainsi un sublime assemblage de lumières. Y a-t-il vision plus spectaculaire que l'horizon d'une ville dans l'obscurité de la nuit ou la beauté des étoiles dans un ciel noir comme de l'encre ? L'image de la pleine lune reflétant gentiment la lumière du soleil à travers l'obscurité immobile de la nuit n'est-elle pas l'une des images les plus romantiques qui soient ?

Le moi supérieur est en quête de ce niveau d'harmonie, et vous avez sans doute conscience d'appartenir à cette création au sein de l'univers. De la même manière qu'une goutte d'eau crée un océan ou un grain de sable une plage, vous représentez vous aussi une partie essentielle de la création. Votre moi supérieur crée des expériences semblables aux gouttes d'eau de l'océan roulant sur les grains de sable. Parfois les vagues sont douces et elles caressent la plage, parfois elles sont si puissantes qu'elles l'emportent avec elles, mais elles agissent toujours ensemble, au gré des flux et reflux, portées par ce vaste océan et finalement absorbées par le ciel, par les nuages et le grand inconnu, où de nouveau elles se transformeront en gouttelettes et tomberont sous forme de pluie pour nourrir la terre, apaiser la soif, favoriser la pousse des plantes et contribuer ainsi à l'expansion de la création. Vous aussi, chères petites gouttelettes, répandez votre essence partout dans la création. Vous êtes le tout du tout. Vous êtes la voie, la vérité, la lumière. Vous êtes l'heure la plus sombre juste avant que l'aube ne se lève. Vous êtes le lever et le coucher du soleil. Le rayon de lune et l'obscurité de la forêt. Vous êtes les enfants de Dieu ! Chacun d'entre vous !

CHAPITRE 12

Pourquoi maintenant ?

Nous entrons dans une période où l'humanité et d'autres espèces seront si conscientes de ce qui les relie à la lumière qu'elles n'auront plus à lutter contre la dualité de l'énergie pour croître. Pour ce faire, il leur suffira de répandre la lumière.

Vous vous demandez sans doute : Pourquoi maintenant ? Après tous ces millénaires de création, au fil de cette histoire telle qu'elle a été répertoriée, pourquoi est-il soudain si important que l'humanité s'ouvre à une compréhension plus profonde ? Et si cela a une telle importance, pourquoi ce message n'a-t-il pas été transmis par des créatures célestes descendues sur terre afin de proclamer la vérité à l'humanité entière ? À dire vrai, il n'y a là rien de nouveau. Cela est déjà survenu auparavant.

La plupart des religions ont été instaurées par des prophètes qui ont transmis au monde le message du Créateur. Nous avons choisi de révéler ce message à ceux qui pourraient le transmettre à un groupe spécifique en recourant à une méthode culturellement acceptable. Cela s'est traduit par un message qui a résisté à l'épreuve du temps (sans pour autant éviter l'écueil d'interprétations fantaisistes). Cependant, alors que nous avions choisi de relayer ce message à des gens de condition modeste n'entretenant aucun lien avec des groupes puissants, l'humanité a toujours considéré ces prophètes comme des dieux ou des êtres semblables à Dieu. Pour cette raison, le message sur la nature divine de l'humanité a été grandement négligé dans son interprétation.

À titre d'exemple, dans la légende biblique du fils prodigue, le père se réjouit du retour d'un de ses fils à la maison sans chercher à savoir s'il travaillait d'arrache-pied dans les champs ou s'il gaspillait son argent dans le vin et les femmes. Le père représentait le Créateur, qui sait que toutes ses créations apprennent de leurs expériences et en sortent grandies. Le retour du fils prodigue est représentatif de ceux qui se souviennent de leurs racines et retournent à l'essence de leur être. C'est ce que le fils qui travaillait dans les champs avait oublié, parce qu'il en voulait trop à son frère, qui faisait ce que lui-même aurait voulu faire.

Vous évaluez votre propre valeur, ou votre valeur aux yeux du Créateur, en fonction de ce que vous faites ou ne faites pas. C'est la lutte interne à laquelle vous vous livrez pour être en accord avec les «grandes vérités». Une de ces grandes vérités, émanant du domaine de la médecine, a été transcrite par Hippocrate, le philosophe grec : «D'abord, ne pas nuire.» En d'autres termes, si un acte peut porter préjudice à quelqu'un, n'entreprenez pas cette action. Ce qui pourrait se traduire ainsi : «Fais à autrui ce que tu voudrais qu'il te fasse.» L'inverse pourrait se formuler ainsi : «Fais à toi-même ce que tu fais à autrui.» En effet, bon nombre d'entre vous traitent les autres mieux qu'ils ne se traitent, et cela est aussi néfaste que d'infliger des dommages à autrui.

En conséquence, la clé repose sur votre conception de la « responsabilité » personnelle, c'est-à-dire sur votre capacité à répondre, dans n'importe quelle situation, à ce que votre moi supérieur vous incite à faire. C'est là que réside la réponse à la question : « Pourquoi maintenant ? »

La plupart des humains réagissent à des situations données en fonction de leurs habitudes. Si vous pensez d'une certaine manière pendant un temps assez long, cela deviendra votre vérité. Et ces vérités qui vous enferment dans les schémas habituels où vous faites du mal à autrui, ou à vous-même, ne vous libéreront pas ! Au contraire, elles vous emprisonneront dans la répétition perpétuelle des mêmes modèles comportementaux, ce qui vous conduira à mener une vie emplie de regret ou de ressentiment.

Une telle attitude affecte l'énergie globale de la planète car des milliards et des milliards d'individus agissent de la sorte au même moment, contribuant ainsi à bâtir une conscience collective critique au lieu d'édifier une conscience collective fondée sur l'amour de soi. L'effet net est que des milliards d'individus, profondément dégoûtés d'eux-mêmes, s'identifient totalement à leurs fautes et cherchent quelqu'un ou quelque chose qui leur permettra de se sentir mieux.

Malheureusement, pour vous sentir mieux, vous avez souvent besoin de démontrer que vous êtes meilleur que d'autres. Il peut s'agir d'un groupe, d'un individu ou d'une nation. C'est la raison pour laquelle certains se reconnaissent dans des groupes haineux, des organisations terroristes, et même des nations entières qui cultivent la haine d'autres nations. Si les individus exploitaient les ressources de leur conscience supérieure, ils agiraient autrement, ils auraient des habitudes différentes et prendraient leurs décisions en se basant sur le principe suivant : « Causer le moindre mal et œuvrer pour le bien du plus grand nombre. »

Comme nous l'avons fait dans le passé, les anges et d'autres messagers sont à l'écoute et agissent afin de transmettre ce message aux masses. Pourquoi maintenant ? Eh bien, pour la simple raison que certains éléments que nous avons abordés dans les chapitres précédents, et qui constituent le tissu de la société moderne, n'existaient pas lorsque nous avons livré ces messages dans le passé. À l'époque de Mahomet , de Moïse, de Bouddha ou de Jésus, la réalité que nous connaissons aujourd'hui n'existait pas. Les humains ne pouvaient pas communiquer les uns avec les autres au moyen de petites boîtes rectangulaires, ni voler dans les airs comme des oiseaux, ni renverser des gouvernements oppressifs en montant des campagnes Twitter ! Les humains ne pouvaient pas imaginer qu'ils détenaient le pouvoir d'influencer un groupe plus étendu que leur famille, leur cercle d'amis, ou peut-être leur village. Pour l'humanité, il s'agit là d'un niveau de communication entièrement nouveau, qui n'a jamais existé auparavant. La technologie et la science ont créé des merveilles qui amènent les gens à se rendre compte que bien d'autres réalités existent, même si elles ne sont pas visibles à l'œil nu. Des concepts qui autrefois relevaient de la science-fiction font désormais partie de la science, et ce qui appartenait auparavant au domaine de la fiction devient chaque jour plus réel. De plus en plus nombreux sont ceux qui croient en une autre dimension, au-delà de ce court passage sur terre, et en l'existence d'autres formes de vie. Vous commencez aussi à prendre conscience que vous avez gravement endommagé la planète sur laquelle vous vivez, et beaucoup d'entre vous recourent à leur créativité et à leur sens de la responsabilité pour trouver une solution.

Les anges s'en réjouissent et attendent que vous les invitiez à vous porter assistance de façon encore plus éclatante, car votre capacité à réagir à différentes situations dépend directement de votre faculté à faire appel à la dimension la plus créative et la plus éclairée de votre essence, ce que vous appelez maintenant votre âme ou votre moi supérieur. Votre âme détient de nombreuses réponses à vos questions – en fait, la plupart de celles dont vous avez besoin. L'âme collective des êtres qui peuplent cette planète sait ce qui doit être fait pour vivre dans la paix, l'amour, la prospérité et l'harmonie, et ce, en parfait équilibre avec l'environnement. Cependant, pour atteindre cet état et le vivre pleinement, vous devez d'abord être en mesure d'accéder à cette âme et, surtout, être prêts à écouter et à entendre ce qui vous sera dit.

Comme dans la légende de David et Goliath, vous êtes souvent confrontés à des difficultés qui semblent insurmontables. À juste titre, vous pourriez donc estimer que vous ne disposez ni de la capacité ni des ressources pour surmonter ces obstacles infranchissables. Pourtant, dans la légende, le jeune David fit appel à son moi créatif pour se convaincre qu'un petit caillou, utilisé de la bonne façon, pouvait terrasser Goliath, le géant. C'est ce qui survient lorsque vous êtes persuadés d'avoir accès à des connaissances et à des solutions qui vous aideront à trouver des réponses simples à des problèmes complexes. Pour accéder à cette dimension supérieure, qui vit à l'intérieur de vous, il vous suffit de changer vos propres vibrations et fréquences.

Dans l'univers, chaque chose émet une certaine fréquence ou vibration. Ces fréquences varient en vibration et en force au fur et à mesure que vous vous éloignez de la lumière du Créateur. Les humains qui s'efforcent de penser et d'agir en se fondant sur l'amour, ce qui inclut s'aimer et prendre soin de soi-même, vibreront dans les fréquences les plus élevées. Ceux qui cherchent à faire du mal à autrui vibreront dans les basses fréquences.

Lorsque vous vous retrouvez auprès de personnes dégageant une énergie positive, vous éprouvez la sensation très intense de vous sentir merveilleusement bien en leur compagnie. À l'opposé, vous essayez d'éviter tout contact avec certaines personnes car vous vous sentez vite épuisé lorsqu'elles vous entourent. Cela est dû au fait que vous pouvez ressentir l'énergie. De même, quand quelqu'un vous observe ou se tient derrière vous, vous le percevez. Vous ressentez l'énergie de cette autre personne. Imaginez maintenant que cette énergie vous soit envoyée au même moment par plusieurs milliards d'individus vivant sur cette planète ! Ne croyez-vous pas qu'il vous serait possible d'accéder à votre plein potentiel si nous pouvions vous enseigner comment transformer votre énergie afin qu'elle soit semblable à celle de gens auprès desquels d'autres aiment à se retrouver ? Si la plupart des habitants de cette planète commençaient à agir de cette manière, pouvez-vous imaginer la puissance qui en découlerait ?

Jusqu'à présent, je vous ai communiqué des informations vous permettant d'avoir une compréhension globale du fonctionnement de la création pour que vous puissiez mieux cerner les mythes qui souvent empêchent les gens d'avoir conscience qu'ils se situent au-delà de l'expression limitée qu'ils ont eux-mêmes acceptée. J'ai aussi expliqué des vérités qui ont été mal comprises par de nombreux enseignants bien intentionnés, ce qui a freiné la capacité de l'humanité à atteindre son plein potentiel.

Dans les chapitres suivants, j'aborderai en détail les actions que vous pouvez entreprendre pour hausser votre vibration – le mouvement de votre structure cellulaire – afin de vous aider à être en accord avec l'expression la plus positive de votre âme. Il ne s'agit pas d'une liste exhaustive, de nombreuses approches ne sont d'ailleurs pas mentionnées, ce qui ne signifie aucunement que d'autres techniques ne vous aideront pas à grandir. Mon intention est de vous offrir des outils que vous pourrez utiliser dès demain. Sinon avant !

Nous entrons dans une période où l'humanité et d'autres espèces seront si conscientes de ce qui les relie à la lumière qu'elles n'auront plus à lutter contre la dualité de l'énergie pour croître. Pour ce faire, il leur suffira de répandre la lumière.

Ayez conscience que votre mutation vibratoire a déjà commencé. Par le simple fait de lire cet ouvrage, vous avez amorcé un processus de mutation cellulaire. Les mots que j'ai employés sont destinés à repositionner vos pensées dans un cadre différent et, ce faisant, à mettre en œuvre le processus de transformation de votre pensée.

Voilà pourquoi vous avez été attiré par ce livre, et je vous remercie d'entreprendre cette démarche. Lorsque vous serez de plus en plus nombreux à parcourir ce livre, l'énergie sera appelée à grandir jusqu'à atteindre le point charnière d'une avancée significative dans la conscience collective, ce qui entraînera un changement planétaire dans la façon de penser. Initialement, le changement résulte toujours des pensées et des actions d'une seule personne, et, grâce à vous, il est déjà en cours.

Avant d'aborder plus en détail les moyens de vivre avec force dans le présent, je souhaiterais développer le mythe du temps et me projeter dans le futur pour expliquer en quoi vous évoluez déjà dans ce laps de temps.

CHAPITRE 13

Les extraterrestres et le futur soi

Ceux que vous pourriez considérer comme des extraterrestres ne sont qu'une autre manifestation de vos propres âmes.

Au début de ce livre, j'ai mentionné que nombreux sont ceux, dans votre société, qui croient que ce n'est qu'une question de temps avant que le contact ne soit établi avec des extraterrestres qui vous apporteront les connaissances nécessaires pour réparer votre planète et vivre en paix. Cette théorie, qui s'est développée au fil des années, a reçu le soutien de penseurs respectés.

Parmi la population qui peuple la planète Terre, le débat fait rage quant à l'existence de telles créatures. Certains estiment qu'il est ridicule de supposer qu'à l'échelle de l'univers les humains représentent la seule forme de vie intelligente. D'autres croient que la vie sur terre est la seule qui existe et que les histoires d'ovnis sont le produit de l'imagination débridée d'un petit groupe ou le résultat d'opérations secrètes menées par vos propres gouvernements.

Bien que les opérations secrètes de vos gouvernements aient été à l'origine de plusieurs signalements d'ovnis, je peux vous assurer que de nombreuses formes de vie existent, qu'elles ont développé des cultures bien plus avancées que la vôtre, et que de temps en temps elles entrent en contact avec la planète Terre.

Pour vous, il est essentiel de comprendre que ceux que vous pourriez considérer comme des extraterrestres ne sont qu'une autre manifestation de vos propres âmes.

Rappelez-vous que plus tôt dans ce livre, alors que nous discutions du mythe du temps, je vous ai expliqué que la croissance et l'expansion de l'univers, que nous connaissons depuis le big bang, sont toujours en cours. J'ai aussi affirmé que lorsque vous observez l'espace au moyen d'un télescope, il vous est possible de voir ce qui est survenu il y a des années-lumière dans le passé car cette image a longtemps voyagé avant d'être captée par votre vision. En conséquence, si l'image que vous découvrez est apparue il y a des années-lumière dans le passé, ne pouvons-nous pas supposer qu'il pourrait exister une autre race d'êtres qui vous observeraient aussi, alors que vous seriez vous-mêmes situés à des années-lumière dans le passé ? En fait, c'est le cas !

Ces êtres que bon nombre d'entre vous ont aperçus, et les vaisseaux sur lesquels ils voyagent, proviennent d'une partie de l'univers située à des années-lumière dans le futur, si vous croyez encore au concept du temps linéaire. En vérité, ils existent en même temps que vous, mais dans une période différente de la création. Ils évoluent dans une forme physique moins dense. De même que vos âmes ont évolué en tenant compte des limitations de votre forme actuelle, ils ont appris à concevoir des vaisseaux spatiaux qui se déplacent à la vitesse de la lumière, ce qui leur permet de rendre visite à d'autres incarnations d'eux-mêmes en des temps différents.

Cela peut sembler compliqué, mais imaginez un instant que vous puissiez remonter le temps pour voir comment votre esprit naviguait durant cette période. Ne seriez-vous pas curieux? De nos jours, des psychiatres et des psychologues utilisent le processus de régression dans des vies antérieures pour amener leurs patients à dépasser les confins de leur esprit et à s'ouvrir à des strates d'information plus profondes, accessibles au niveau de l'âme. La plupart de ceux qui pratiquent ce type d'hypnose peuvent identifier les situations ou les traumatismes vécus dans des vies passées qui exercent une influence directe sur les expériences et les comportements actuels. Dans la majorité des cas, ces vies antérieures, qui n'étaient pas celles de gens célèbres, ont pu être validées sur le plan historique. De nombreux patients ont traversé divers états d'âme entre les incarnations, et certains ont même entraperçu leur futur moi.

Si vous apparteniez à une race ayant le pouvoir de remonter le temps et si vous pouviez constater par vous-même l'évolution de votre être, c'est-à-dire ce que vous êtes devenu, vous priveriez-vous de ce plaisir? C'est la raison pour laquelle de «futurs vous» ont visité votre planète dans le passé et continuent de le faire. Dès leur apparition, ils furent perçus comme des dieux par ceux qui bâtirent les pyramides. Ils créèrent aussi de nombreuses merveilles naturelles ainsi que les cercles céréaliers dans les champs (agroglyphes), qui étaient des symboles d'énergie. Ces cercles sont semblables à ceux que l'on utilise en reiki; ils sont conçus pour offrir aux humains des connexions plus intenses avec leur moi supérieur.

Durant les siècles passés, vos «futurs vous» ont cependant choisi d'agir en observateurs car les humains n'étaient pas réellement prêts à accepter l'information qui leur était offerte et ne se conformaient ni à l'esprit ni à l'intention de ceux qui la leur avaient transmise, soit une révélation devant être partagée par tous les peuples. En effet, la plupart de ceux qui bénéficiaient de cette information l'instrumentalisaient pour consolider et étendre leur pouvoir. D'autres, prenant conscience d'une existence plus développée, décidèrent de ne plus appartenir à ce monde et abandonnèrent la Terre pour vivre parmi leurs frères et sœurs plus évolués. Ce fut le cas des Mayas.

La plupart des races extraterrestres ont donc choisi de nous observer de loin et de n'apparaître qu'en des circonstances exceptionnelles. Le but premier des signalements d'ovnis est d'offrir un espoir à l'humanité. Ces êtres veulent rappeler au peuple de la Terre qu'il existe une autre dimension, située bien au-delà de cette expérience de vie. Ils ne participeront pas au salut de la planète, sauf si les humains font une demande d'assistance consciente et collective, mais rien ne prouve que l'humanité acceptera aisément d'abandonner le pouvoir.

Vous pourriez aussi vous poser la question suivante : « Si ces histoires d'extraterrestres sont vraies, qu'en est-il de ceux qui enlèvent des gens pour des expérimentations que ces derniers se remémoreront ensuite avec le sentiment d'avoir été violés et terrorisés ? » À cela, je répondrai que toutes les formes de vie, et ce, à n'importe quel moment de l'histoire, vivent soit dans un état d'esprit prônant l'amour, soit dans un état d'esprit valorisant la peur. Les races extraterrestres qui agissent de la sorte n'ont pas évolué au même rythme que d'autres races et ressemblent aux habitants de votre planète qui se comportent de manière comparable. Concevoir que des races futures ne se soient pas développées sur le plan spirituel, et ne comprennent pas que toutes les formes de vie sont reliées en tout temps, n'exige pas un grand effort d'imagination. En effet, une race peut être avancée sur le plan technologique tout en vivant encore dans l'obscurité. Observons un instant ce qui se passe sur terre. Tandis que vous développez d'étonnantes technologies qui sauvent des vies, vous en déployez d'autres qui peuvent détruire la planète tout entière.

Quand vous accepterez le fait que le temps et l'espace ne sont qu'illusion, et que chaque existence est étroitement reliée aux autres et issue d'une source unique, il vous sera impossible de retourner à une façon de penser exclusivement linéaire. C'est cette intention qui m'animait lorsque j'ai demandé à Gerry de m'aider à écrire ces pages. Si une infime partie de l'humanité est prête à assumer cette transformation de la pensée, une mutation majeure affectant le futur de la planète et de l'univers sera possible.

Mais le futur se prépare en agissant dans le présent, un pas à la fois.

Chapitre 14

Comment changer la façon de penser de l'humanité

Concentrez-vous de manière à trouver une raison positive à chaque expérience, même à celles que vous estimez négatives. Cela signifie rechercher la «semence de l'avantage équivalent» qui résulte de toutes les épreuves que vous traverserez, et croire qu'il existe, plus en profondeur, une raison justifiant tout ce qui se passe.

Abordons maintenant ce que l'un des clients de Gerry qualifie de «mesures concrètes». Après avoir discuté des mythes et des vérités, le temps est venu d'étudier les moyens pratiques permettant de changer véritablement le monde. Si vous souhaitez transformer votre réalité, vous devez de toute évidence modifier votre façon de penser. Si l'on admet que toutes les pensées créent la réalité et si la réalité actuelle ne reflète pas les formes de pensée exprimant ce à quoi vous aspirez, changez tout simplement votre manière de penser! Cette réponse peut sembler simpliste – mais elle est bien plus complexe que vous ne l'imaginez!

J'ai mentionné déjà que l'humanité et même le monde animal ont développé des schémas de pensée habituels qui ont évolué comme une réponse conditionnée à la façon dont les situations sont survenues dans le passé. Ce processus cognitif est difficile à changer car il fait partie de ce que vous qualifiez d'esprit subconscient. Selon la croyance populaire, le subconscient est une partie du cerveau qui enregistre toutes les expériences que vous avez vécues. Pour cette raison, lorsque vous êtes sur le point de vivre une expérience similaire aux précédentes, le subconscient vous rappelle vos succès ou vos échecs et vous permet ou vous empêche d'entreprendre une telle action. Le subconscient conserve la mémoire des événements traumatisants, qu'il vous remémore sous forme d'avertissement. En fait, la théorie du subconscient laisse quelque peu à désirer, car elle n'est aucunement située dans l'esprit. La mémoire est une structure cellulaire qui est enregistrée dans l'ensemble du corps physique, dans le sang, les os, les muscles et les tissus. Quand vous évoquez un souvenir, le cerveau recherche les cellules correspondantes puis traite l'information obtenue afin de créer une vision claire dans votre esprit, sous la forme de pensées. La mémoire cellulaire, qui n'est pas jugée essentielle à la préservation de votre enveloppe physique, est ensuite stockée à l'extérieur du corps, dans votre âme, où elle devient une partie de la conscience collective. Le cerveau physique est responsable de toutes vos actions conscientes et de ce que vous faites avec automatisme – digérer, dormir, respirer et ainsi de suite. Le cerveau traite tous les stimuli externes que vous éprouvez. Il filtre aussi les éléments qui ne sont pas considérés comme essentiels pour achever le programme établi afin d'assurer votre survie.

Il est très important de comprendre que le but premier de votre cerveau est de préserver votre forme physique et de la soutenir. Cela peut donc se retourner contre vous si vous essayez d'introduire des idées qui, selon lui, vont à l'encontre de sa mission fondamentale. Tel un ordinateur, il fonctionnera parfaitement aussi longtemps que vous n'intégrerez pas d'informations incompatibles avec la façon dont il a été programmé.

Vos pensées fonctionnent ainsi. Elles sont formulées suivant des paramètres de compréhension de votre culture, de votre famille et de votre environnement immédiat. Si vous êtes né dans une famille très pauvre, votre processus cognitif sera programmé pour opérer à l'intérieur de ces paramètres de pensée. C'est pourquoi la pauvreté a souvent tendance à engendrer la pauvreté. Il est vrai que des influences extérieures peuvent amener les gens à expérimenter la pauvreté, mais ce dont je parle ici ne concerne ni le manque de ressources ni le manque d'opportunités. Je parle plutôt des signaux sous-jacents que votre cerveau perçoit comme des paramètres pouvant compromettre votre aptitude à survivre. Pour aller au-delà du simple mécanisme de survie, il convient de faire appel à la profondeur de l'expérience de l'âme pour rétablir le processus cognitif du cerveau, accroître ses capacités et élargir sa définition de la survie.

Ceux d'entre vous qui sont nés au sein de la classe moyenne pensent généralement que leur vie peut être meilleure que celle des pauvres, à condition de lutter d'arrache-pied pour atteindre le succès. Souvent, cela signifie travailler pour une autre classe sociale, financièrement plus aisée, que l'on qualifie volontiers de classe supérieure. Le mot lui-même, qui sous-tend la description de ce groupe, informe le cerveau que ses membres se situent en quelque sorte au-dessus des autres. La classe supérieure représente habituellement ceux qui sont nés de parents appartenant à cette classe, ceux qui épousent des conjoints de la classe supérieure, ou alors ceux qui ont développé une apparence physique, un talent ou un concept si unique que les portes des classes supérieure, moyenne ou défavorisée leur sont grandes ouvertes. Cela se produit souvent dans les milieux du sport et du divertissement, où nombreux sont ceux qui atteignent un statut et une richesse leur donnant accès à la classe supérieure. La classe supérieure est composée de gens qui éprouvent un sentiment aigu d'appartenance à cette classe car ils bénéficient des attributs de ce statut et apprécient ce qu'ils sont. Comme le dit le proverbe : « L'argent va à l'argent. » Il y a là une certaine part de vérité. En effet, ceux qui détiennent l'argent ont développé des systèmes de croyances qui établissent ce dont ils ont besoin pour survivre, ce qui leur permet de projeter l'énergie nécessaire pour répondre à cet impératif de survie.

Ceux qui vivent au sein de la classe défavorisée sont souvent accablés par leur condition, mais nombre d'entre eux se battent pour s'élever et intégrer la classe moyenne ou supérieure. La classe moyenne lutte en permanence pour franchir l'obstacle de sa modeste existence et se fondre dans la classe supérieure. Plusieurs s'endettent de manière inconsidérée afin de se donner l'illusion d'appartenir à la classe supérieure sans pour autant disposer des ressources ou de la façon de penser légitimant une telle démarche. Du point de vue de l'âme, bien des raisons pourraient pousser quelqu'un à choisir de naître dans l'une ou l'autre des classes sociales, car chacune est susceptible d'offrir des occasions d'expansion et de croissance.

Le système de classes exerce une grande influence sur votre perception de vous-même et sur le rôle que vous estimez pouvoir jouer dans ce monde. Il est intimement lié à votre manière de traiter l'information, à la perception de votre propre image, et à votre conviction de pouvoir agir comme un catalyseur de changement. En vous remémorant les points abordés dans les chapitres précédents, vous constaterez que le mythe de la séparation a contribué à l'apparition des classes, de la richesse et du pouvoir.

Rappelez-vous d'abord que toutes les créatures émanent du même Créateur et des anges qui ont soutenu le processus de création. Rappelez-vous aussi que le troisième niveau de création est constitué des âmes et que ces âmes (vous, lecteurs de ce livre) ont la capacité unique de pouvoir prendre n'importe quelle forme en plaçant une partie de leur énergie dans cette forme. En d'autres termes, vous avez la possibilité, ce que chacun de vous a déjà choisi, d'exister dans chacune de ces classes sociales, et ce, afin de comprendre et d'évoluer à partir de cette expérience. Dans de nombreux cas, c'est ce que vous faites en empruntant différentes formes au même moment. Si cela vous semble difficile à comprendre, songez un instant aux magasins de musique en ligne que beaucoup d'entre vous utilisent pour télécharger de la musiquc sur leurs appareils mobiles. Lorsque vous téléchargez de la musiquc, celle-ci est automatiquement intégrée à votre appareil mobile. Désormais, elle fait partie de vos données personnelles, mais elle existe encore à l'intérieur du nuage afin que d'autres puissent la télécharger à leur tour.

L'âme fonctionne de la même manière. Elle place des parts d'elle-même dans des formes qui l'amènent à expérimenter la vie dans différents conteneurs de données, c'est-à-dire des classes, des races et des cultures différentes, le tout se déroulant au même moment. Cela lui sert à télécharger les informations utiles de ces applications et dispositifs humains et de les traiter ensuite pour atteindre une compréhension d'ensemble, devenant ainsi une âme en constantes croissance et évolution. Cependant, alors que ce processus est à l'œuvre, vous, les dispositifs humains, êtes si concentrés sur vos vies que vous n'êtes aucunement conscients de pouvoir puiser en abondance dans votre mémoire collective afin de mettre à contribution les expériences de ceux qui n'appartiennent pas à votre groupe. En résumé, vos pensées sur la place que vous occupez dans la vie déterminent votre place dans la vie.

Nombreux sont ceux qui s'élèveront contre ce constat. Ils objecteront qu'ils ne se sont jamais imaginés malades ou endettés et qu'ils ne peuvent plus supporter ceux qui leur reprochent d'être les seuls responsables de leurs malheurs. Je ne peux que sympathiser avec les personnes qui expriment et ressentent une telle émotion. Je ne prétends pas non plus que chaque être humain occupe une place qu'il aurait consciemment choisie.

Vous faites partie d'une énergie ou d'une conscience plus vaste qui, en retour, reflétera vers vous ce que vous estimez devoir faire pour être aimé ! Je soulignerai ce point à maintes reprises car il est fondamental que vous le compreniez. Tout ce que vous accomplissez dans la vie, vous le faites pour vous sentir aimé des autres ou de vous-même. Pourquoi vous délassez-vous sur la plage sous le soleil d'été ? Parce qu'il s'agit d'un moment que votre âme apprécie ! Lorsque vous vous comportez ainsi, vous vous sentez bien. Pourquoi faites-vous tant de choses pour d'autres personnes ? Vous pouvez avoir l'impression que vous agissez de la sorte parce que vous êtes une bonne personne, et peut-être est-ce le cas, mais la raison plus profonde est que vous vous sentez bien avec vous-même (estime de soi) en le faisant et qu'une telle attitude peut aussi inciter les autres à vous apprécier et à vous aimer.

Je ne prétends pas que les actes désintéressés n'existent pas. Ce que j'affirme c'est qu'en prenant une forme physique, plus dense que votre moi spirituel, vous vous êtes partiellement éloigné de la lumière et de la chaleur du Créateur, et qu'ensuite vous cherchez sans cesse à éprouver de nouveau ce sentiment de proximité ! Ce sentiment est pur amour et c'est ce que vous voulez tous expérimenter. Certains d'entre vous se sont peut-être endettés en essayant de prendre soin de quelqu'un ou parce qu'ils ressentaient le besoin d'acheter des choses pour se sentir mieux avec eux-mêmes. Peut-être n'avez-vous jamais pensé que cela signifiait que cette personne vous aimait ou que vous accumuliez des biens matériels de façon convulsive dans le but ultime de renforcer l'estime de soi. Voyez-vous, tout cela représente le véritable défi de la forme humaine. Souvent, vous vous rendez compte que vous êtes aimé et encouragé au plus haut point quand vous tombez malade, quand vous êtes en colère, ou quand vous jouez le rôle de pacificateur ou d'aidant naturel au sein de votre famille. Vous n'avez pas pleinement conscience de cette dimension lorsque vous devenez adulte. Mais cela affectera les décisions que vous prendrez en tant qu'adulte pour obtenir l'amour et l'acceptation. Nous avons établi que le subconscient ne se situe pas dans votre cerveau, mais dans votre mémoire cellulaire, qui est disséminée dans la multitude de cellules composant votre enveloppe physique, ainsi que dans l'énergie environnante et la conscience collective. Nous avons aussi établi que cette conscience collective est à la source de toutes les informations qui vous sont nécessaires pour mener une vie merveilleuse et plus satisfaisante. Il est essentiel de comprendre que les souvenirs enregistrés dans votre corps entraînent souvent des douleurs physiques lorsque vous vous efforcez de briser un système de croyances pour aller de l'avant. La douleur opère comme un système d'alarme qui vous avertit que quelque chose dans votre corps ne fonctionne pas en adéquation avec votre survie ou avec un changement dans la programmation de votre pensée. Le problème est que vous évoluez dans une société moderne plus axée sur le contrôle de la douleur que sur l'identification des causes de cet inconfort. Et si cette douleur n'entraîne pas de détérioration importante de la condition physique ou ne peut être clairement identifiée, la médecine moderne se contentera, règle générale, de traiter les symptômes.

Si vous voulez édifier une vie meilleure pour vous-même et pour d'autres, voici la première étape à suivre : écoutez votre corps. Il se manifestera lorsqu'un déséquilibre énergétique exigera une intervention immédiate. Vous pourriez avoir un mal de ventre, le cœur lourd, la gorge sèche, ou souffrir de maux de tête. Vous avez peut-être remarqué que vous aviez mal au cou lorsque vous êtes tendu ou quand une personne que vous ne pouvez endurer se trouve aux alentours. Ces symptômes, ressentis par votre corps, vous indiquent que la vibration de ce dernier ne s'inscrit pas dans le flux de ce qui pourrait vous apporter la meilleure vie possible, c'est-à-dire celle que vous recherchez. Rappelez-vous que vous êtes d'abord un être spirituel et que vous avez choisi d'emprunter une enveloppe physique pour expérimenter l'intelligence, l'instinct et les émotions, afin d'accroître votre capacité à progresser en vous inspirant du Créateur.

La douleur vous guidera et vous aidera à identifier vos faiblesses énergétiques, mais il existe une dimension encore plus facilement accessible qui vous démontrera clairement les pensées qui vous influencent. Il s'agit des émotions. Deux émotions fondamentales existent : la peur et l'amour. Toutes les autres ne sont que des sous-produits de celles-ci. Elles représentent le yin et le yang émotionnels de l'énergie de la polarité. Quand vous ressentez l'amour, vous éprouvez aussi la joie, la sécurité, la passion et bien d'autres sentiments positifs. Quand vous ressentez la peur, vous êtes accablé par le doute, la jalousie, la possessivité, l'avarice et d'autres sentiments négatifs. La peur est par essence l'absence d'amour. Vous avez développé la plupart de vos réponses émotionnelles lorsque vous étiez un petit enfant. Quand les enfants se sentent véritablement aimés par leurs parents, ils apprennent à s'aimer eux-mêmes. Ils seront plus confiants et plus sûrs d'eux-mêmes, et ils créeront dans leur esprit les schémas de pensée leur permettant d'aimer autrui. Quand, au contraire, les enfants ne se sentent pas totalement aimés, ils agissent de manière à attirer l'attention de leurs parents par une rivalité entre frères et sœurs, des crises de colère, une volonté de dresser les parents l'un contre l'autre et, règle générale, par des comportements violents. Quand vous étudiez le développement des enfants, vous constatez que bon nombre d'entre eux conservent la plupart de ces traits de caractère une fois devenus adultes.

Si vos premiers enseignants – vos parents, vos grands-parents, vos frères et sœurs – n'étaient pas tout à fait sûrs d'être aimés, vous avez vraisemblablement hérité leurs peurs. La plupart des enfants intériorisent ces peurs comme si elles étaient les leurs. Bien que vous puissiez être soumis actuellement à des schémas de pensée résultant de la peur, ce qui rend cette réalité plus acceptable c'est que vous expérimentez aussi son opposé absolu : l'amour. En vous immergeant pleinement dans l'énergie de l'amour, vous êtes à même de ressentir l'incroyable profondeur de la joie et de tant d'autres émotions merveilleuses.

Considérons maintenant les trois étapes à suivre pour identifier l'état actuel de votre énergie et de vos émotions, et ce, afin de guérir vos peurs et d'embrasser l'énergie de l'amour.

Étape un : Soyez à l'écoute de votre corps. Fermez vos yeux et respirez profondément. Imaginez que votre souffle voyage à présent dans tout votre corps, du sommet du crâne jusqu'à la pointe des orteils. Remarquez ce que votre corps ressent lorsque vous agissez ainsi. Avez-vous l'impression que certaines parties de votre corps sont plus lourdes ? À l'inverse, certaines vous paraissent-elles plus légères ? Certaines sont-elles engourdies ou vous picotent-elles ? Ressentez-vous de la douleur dans d'autres parties de votre corps ? Déterminez la nature de ces sentiments et essayez de trouver leur provenance.

Étape deux : Voyez si la douleur ou la sensation de douleur est associée à l'amour ou à la peur. Dans 99 % des cas, elle est associée d'une manière ou d'une autre à une émotion découlant de la peur. Cependant, certaines sensations résultent parfois de l'amour, comme certains malaises d'estomac ou palpitations cardiaques. Pour identifier ce qui se passe dans une zone particulière, demandez simplement à votre corps de vous indiquer ce que vous ressentez dans cette zone, et fiez-vous à ses réponses. Si vous n'obtenez pas de réponse claire, concentrez-vous sur ce qui se manifeste à vous. Si des couleurs ou des formes vous apparaissent, demandez à votre corps ce que cela signifie. Une image symbolique de ce que votre corps ressent pourrait aussi vous apparaître. Demandez à votre corps ce que ce symbole représente. Lorsque votre corps vous parle, il est essentiel que vous soyez à l'écoute et que vous ayez confiance en vos perceptions. Votre corps vous parle sans cesse par le truchement des sensations physiques que vous ressentez. En procédant ainsi, vous demandez en réalité à votre cerveau de permettre aux sensations physiques de s'exprimer afin qu'elles trouvent un écho dans vos pensées. Votre corps vous parle de la même manière que votre conscience, dont vous pouvez aussi écouter la voix.

Étape trois : Si ce que vous ressentez est fondé sur la peur, placez votre main sur la partie du corps affectée et imaginez-la remplie de pensées aimantes. Pensez aux moments les plus heureux de votre vie, lorsque vous vous sentiez aimé. Cela ne signifie pas nécessairement l'amour d'un autre être humain. Il peut s'agir de l'amour d'un animal de compagnie ou du sentiment éprouvé lorsque vous êtes ébloui par la beauté de la nature ou par une émotion si puissante qu'elle vous amène à reconnaître la merveilleuse réalité de l'ordre divin.

Au début, cette approche n'est pas facile à mettre en pratique, mais avec le temps cela deviendra de plus en plus naturel, jusqu'au jour où vous aurez conscience de le faire presque automatiquement. La clé repose sur votre capacité à trouver très rapidement ce qui vous rappelle le sentiment d'être aimé ou de l'avoir été. Parfois, cela peut représenter un véritable défi, et ce, en raison de vos cultures et aussi de l'omniprésence de vos bulletins d'informations qui sont tellement axés sur les mauvaises nouvelles que les bonnes ne sont pas appréciées à leur juste valeur.

Pour relever ce défi, je vous suggère de tenir un petit carnet de notes ; ce sera votre guide de gratitude. Dans ce carnet, vous pourrez consigner tous les événements que vous aurez vécus durant la journée et pour lesquels vous aurez éprouvé de la reconnaissance. Au départ, cela pourra s'avérer difficile car la plupart des gens considèrent bien des choses comme acquises.

Vous pouvez donc commencer à modifier cette attitude en répertoriant mentalement toutes les actions que vous avez entreprises durant la journée. Est-ce la sonnerie de votre réveil qui vous a réveillé ? Avez-vous eu alors l'impression agaçante qu'un autre jour inutile allait s'écouler ? Pourtant, vous devriez considérer cet autre matin comme une bénédiction car vos yeux s'ouvrent à nouveau sur ce qui a été créé pour vous aider à accomplir votre mission. Dans la plupart des cas, votre réveille-matin est alimenté par le réseau électrique auquel votre maison est raccordée grâce au travail d'autres personnes. Vous pourriez répondre : « Oui, mais je paie pour avoir cette électricité. » Ce qui est vrai. Toutefois, ne vous sentiriez-vous pas encore plus satisfait de vous-même si vous saviez que quelqu'un quelque part éprouve de la reconnaissance pour le travail que vous effectuez ? Remerciez ceux qui œuvrent quotidiennement pour vous fournir de l'électricité. Déplaçons-nous maintenant vers la salle de bains. Il n'y a pas si longtemps, même les individus les plus puissants et les plus fortunés ne pouvaient se rendre dans une pièce, allumer, et régler les robinets d'eau chaude et d'eau froide à la température idéale pour prendre leur bain. De nos jours, il y a de nombreux endroits dans le monde où les gens ne disposent ni d'eau courante ni de toilettes intérieures. Vous devriez être reconnaissant envers cette petite pièce que vous appelez votre salle de bains, et envers ceux qui fabriquent votre crème à raser, votre déodorant et les douces serviettes que vous utilisez chaque jour et qui vous rendent la vie plus facile. Votre maison est-elle chauffée ? Disposez-vous de ventilateurs et d'un système de climatisation ? Jusque dans les années 1950, rares étaient les maisons qui pouvaient s'en prévaloir. La plupart des foyers étaient équipés d'un poêle à charbon pour chauffer l'eau et la pièce principale. Que faites-vous lorsque vous sortez de votre salle de bains ? Mettez-vous des vêtements faits pour vous par quelqu'un d'autre ? Avez-vous jamais remercié cette personne ou celle qui a conçu ce vêtement qui vous va si bien et que vous êtes si heureux de porter ? Avez-vous pris votre petit-déjeuner, ce matin ? Dans votre cuisine, y a-t-il de la nourriture achetée dans un magasin, une épicerie ou un établissement de restauration rapide ? Avez-vous déjà remercié ceux qui y travaillent ou les agriculteurs qui produisent, expédient et conditionnent cette nourriture afin qu'elle reste fraîche pour vous ? Vous rendez-vous à votre lieu de travail en voiture ou prenez-vous un bus, un train ou une bicyclette ? Avez-vous déjà remercié ceux qui ont imaginé ces moyens de transport et ces abris qui vous protègent des éléments ? Quant aux transports publics, avez-vous jamais remercié ceux ou celles qui conduisent les autobus, les trains ou les rames de métro ?

Lorsque vous allez travailler, êtes-vous saisi de gratitude pour ceux à qui vous devez votre emploi ? De nombreuses personnes sont au chômage. Si vous faites partie de ceux ou celles qui n'ont pas d'emploi, êtes-vous reconnaissant d'être en assez bonne santé pour continuer à chercher ailleurs ?

Si vous êtes engagé dans une relation, aimez-vous, appréciez-vous et remerciez-vous cette personne ? Si ce n'est pas le cas, remerciez-vous ceux qui s'efforcent de vous remettre dans la bonne direction car ils voient du bien en vous ? Si vous êtes frappé par la maladie, êtes-vous reconnaissant pour toutes ces merveilles que la science moderne a créées et pour la multitude de traitements et de soins alternatifs offerts ? Si vous n'êtes pas malade, éprouvez-vous de la gratitude à être en bonne santé ?

En vérité, si vous vous situez dans une perspective d'amour, bien des situations pourraient vous inspirer de la reconnaissance. Ce sont celles que vous devriez consigner dans votre guide de gratitude. Il y a aussi un secret en ce qui concerne la gratitude. Avez-vous déjà offert un cadeau à une personne qui en a été si reconnaissante que vous avez ressenti le besoin impérieux de lui offrir davantage de cadeaux ? À l'inverse, avez-vous déjà offert un cadeau à quelqu'un qui a réagi avec indifférence ou froideur ? Ne vous êtes-vous pas demandé alors pourquoi vous aviez eu cette drôle d'idée ?

Vous vous souvenez sans doute de notre discussion portant sur le fait que les énergies semblables attirent des énergies semblables. Si vous êtes reconnaissant pour tout ce que la vie vous envoie, même vos défis les plus périlleux, vous attirerez à vous bien des événements qui vous inspireront une profonde reconnaissance. À l'opposé, si vous ne manifestez aucune gratitude envers ce que vous recevez, l'énergie que vous projetterez signifiera que vous n'avez besoin de rien, et c'est exactement ce que vous obtiendrez.

Si vous souhaitez changer votre processus cognitif et passer d'une perspective de peur à une perspective d'amour, il suffit de vous maîtriser lorsque vous viennent à l'esprit des pensées résultant d'un manque, de l'ingratitude ou de la peur et de les remplacer par l'évocation d'un événement ou d'une situation vous ayant inspiré de la reconnaissance. Cette évocation devrait, de préférence, faire vibrer une corde émotionnelle et vous rappeler la joie que vous avez éprouvée alors, ce qui générera un véritable sentiment de gratitude. Vous avez tous vécu une expérience qui vous fait sourire lorsque vous y pensez – ce jour-là, un événement formidable s'est produit ! Je parle d'un temps où vous vous sentiez profondément aimé ou apprécié par d'autres, ou d'une expérience de vie étonnante où vous vous êtes senti très chanceux ! Cette pensée deviendra ce que j'appellerais votre pensée pivot. Vous pourrez utiliser cette pensée, ou n'importe quelle autre qui éveille en vous la même réponse émotionnelle, de manière à pouvoir passer d'une émotion motivée par la peur, telle la colère, à une émotion fondée sur un sentiment de joie ou de gratitude.

Pour continuer à débattre de ce principe avec sérénité, je vous demande de ne pas me poser la question suivante : « Margaret, ma peur peut-elle être justifiée ? Comment réagir si quelqu'un brandit un couteau et veut me poignarder ? Une pensée heureuse suffira-t-elle à m'épargner ? » Règle générale, une pensée heureuse vous transformera et chassera les énergies négatives, mais dans certaines circonstances la réaction de peur est légitime car elle répond à deux instincts fondamentaux : stimuler la volonté de se battre pour sa propre survie ou fuir en présence d'un danger physique. Cette réponse permet au corps de créer les réactions nécessaires pour fonctionner en cet instant précis. Dans une certaine mesure, ce comportement est commun à la plupart des créatures. Cela fait aussi partie de l'ordre divin. Le problème se pose lorsque cette réaction très intense sur les plans psychologique et physiologique perdure jour après jour dans le corps d'une personne stressée par son travail, sa relation amoureuse ou sa santé. Résultat final, le corps s'épuise car il produit en permanence les substances chimiques internes qui devraient être réservées exclusivement à une situation de survie. Par conséquent, dans les situations où la vie n'est pas en danger, une pensée positive entraînant une réponse émotionnelle emplie de joie peut aider à diminuer la peur ou à la vaincre.

En cet instant, vous pourriez vous demander : « La vérité est-elle si simple ? Dois-je agir ainsi pour changer ma façon de penser ? Me suffit-il d'avoir une pensée positive ? » Je peux déjà entendre certains d'entre vous ricaner et sentir le doute pénétrer leur esprit. Je me contenterai ici de répéter ce que j'ai affirmé au début de ce livre : pour changer le monde, vous devez changer votre manière de penser un esprit à fois, un moment à la fois et une pensée à la fois ! Sachez que vous créez en ce moment même les pensées qui demain transformeront votre vie !

Apprendre à vous maîtriser lorsque vous éprouvez des sentiments négatifs et à les remplacer par une pensée heureuse, positive et reconnaissante stimule également une autre force très puissante qui peut non seulement transformer votre façon de penser et les expériences que vous vivrez, mais aussi vous relier à d'autres personnes partageant les mêmes aspirations que vous, pour créer un changement énergétique planétaire. Cette énergie s'appelle la foi. Et je ne parle pas de foi en une religion particulière, mais plutôt de la croyance en une connexion plus profonde qui est intimement reliée à votre existence actuelle sur cette planète. Concentrez-vous de manière à trouver une raison positive à chaque expérience, même à celles que vous estimez négatives. Cela signifie rechercher la « semence de l'avantage équivalent » qui résulte de toutes les épreuves que vous traverserez, et croire qu'il existe, plus en profondeur, une raison justifiant tout ce qui se passe.

La foi est la croyance en ce qui est caché et invisible. Quelles que soient les expériences qu'une personne peut vivre, c'est la croyance que quelque chose d'encore meilleur surviendra. Si vous êtes capable d'accepter que cette existence ne constitue qu'une petite composante de l'immense territoire de votre âme, vous vous rendrez vite compte que la foi – la croyance en une dimension bien plus vaste que votre expérience actuelle – relie directement vos pensées à votre âme, à vos anges, et finalement au Créateur Lui-même.

Sur le plan pratique, cette approche, susceptible de changer le monde, représente un phénomène très intéressant à étudier.

- Une personne décide de changer son mode de pensée en remplaçant ses pensées négatives par des pensées animées par la foi (et axées sur une expérience positive).
- Cette même personne s'évertue à modifier ses schémas de pensée habituels en agissant de la sorte, jour après jour, chaque fois qu'une pensée négative surgit.
- Au terme d'une période de vingt et un jours, le processus consistant à remplacer les pensées négatives par des pensées animées par la foi tend à devenir un processus cognitif habituel. Il est vrai qu'un comportement qui se répète sans cesse pendant vingt et un jours finit par s'incruster en tant qu'habitude dans la psyché humaine.
- Les membres de son entourage remarquent le changement d'attitude de celui ou celle qui s'efforce de modifier sa façon de penser. Ils sont attirés par cette personne en raison de son attitude positive. Ils ressentent une différence dans l'énergie qu'elle projette et se mettent à l'imiter car eux aussi sont en quête du bonheur qu'elle éprouve.
- Quand de plus en plus de gens agiront ainsi, l'habitude de la pensée positive (animée par la foi) finira par s'enraciner comme un mouvement incontournable de la conscience collective et, à un certain moment, une mutation de la pensée s'opérera d'une extrémité du spectre à l'autre, la foi remplaçant la peur.

Lorsque la conscience collective sera entrée dans cette phase de mutation de la conscience collective, le mouvement de la pensée s'accélérera à un rythme très rapide, car il sera devenu inéluctable. Si cela vous semble impossible, permettez-moi de citer l'exemple de la fourmi dans le monde des insectes. Une fourmi peut soulever plusieurs fois son propre poids, et ce, durant une période limitée. Bref, elle est capable de déplacer l'objet dont elle a besoin pendant un certain temps. Puis elle se reposera ou le déposera en un lieu sûr jusqu'à ce qu'elle puisse revenir le chercher. Souvent, une fourmi appartenant à la même colonie pourra prendre la relève, soulever à son tour cet objet et l'emporter en un autre endroit. La plupart du temps, les fourmis ne sont pas conscientes de soulever des charges que d'autres ont déjà transportées ; elles déplacent simplement ce qu'elles trouvent d'un point à un autre.

Il en va ainsi de l'expérience humaine. Imaginez la pensée animée par la foi comme un lourd rocher que vous vous efforceriez de hisser au sommet d'une côte pour le faire ensuite rouler jusqu'à cette vallée où vit votre famille, car vous avez l'intention de vous en servir comme matériau de construction pour la nouvelle maison que vous bâtissez. Cependant, ce rocher est très lourd et d'ordinaire vous ne vous livrez pas à de tels efforts car, dans la pensée collective de votre tribu, il est trop difficile de hisser une telle masse au sommet de la côte. Mais supposons qu'un jour vous décidiez de changer votre manière d'aborder cette situation et choisissiez de déplacer ce rocher de quelques mètres chaque jour. Parvenu à un certain point, vous vous direz sans doute : «Je suis allé bien plus loin que je ne l'imaginais.» Vous entreprendrez alors de communiquer aux autres votre nouvelle façon de penser ou ce sont eux qui remarqueront que vous agissez autrement et qui vous demanderont pourquoi vous déplacez ainsi ce rocher. Vous leur expliquerez que vous êtes parvenu à le haler bien plus loin que vous ne l'imaginiez, ce qui les incitera aussitôt à vous prêter main-forte. Bientôt, vous bénéficierez d'une aide venue de toutes parts. Jusqu'à ce que le rocher soit finalement hissé au sommet de la côte et qu'un de vos comparses décide de lui donner une légère impulsion, au-delà du point de bascule.

Soudainement animé par sa propre énergie, le lourd rocher se mettra alors à rouler de lui-même vers la vallée. Les gens de la vallée n'auront rien fait de particulier pour que le rocher se retrouve là, mais ils sauront alors qu'ils doivent tenir compte de cette nouvelle manière de penser car ils n'auront plus le choix. Désormais, ils pourront soit accepter cette réalité soit être dépassés par celle-ci.

Ainsi, un simple individu qui avait en tête de déplacer un rocher de quelques mètres chaque jour a en réalité donné naissance à un mouvement qui a radicalement transformé le comportement des gens. Voilà comment naissent toutes les religions. Des individus isolés, puis de petits groupes, puis finalement des groupes plus importants commencent par observer certaines croyances. Et comme de plus en plus de gens sont témoins de leur engagement résolu envers ce mode de pensée, ils finissent eux aussi par s'y rallier. Par la suite, même les gouvernements, qui s'étaient employés à réprimer sévèrement ces religions, se rendent compte qu'ils doivent s'accommoder de ce nouveau mode de pensée.

La religion n'est pas le seul domaine touché par la foi. Si vous pensez qu'il s'agit là d'un concept farfelu et irréaliste, observez bien ce qui se passe dans l'univers technologique qui vous entoure. En inventant l'ordinateur personnel, une poignée de précurseurs ont transformé le fonctionnement du monde, et tout ce qui a suivi depuis a modifié notre manière de vivre et de travailler. Il en va de même pour Facebook, fruit de l'imagination de quelques individus, une entreprise qui a changé notre façon de communiquer.

C'est pourquoi le pouvoir de la pensée individuelle est plus important que jamais auparavant. Une personne isolée a maintenant la possibilité de partager ses pensées avec la planète tout entière en cliquant simplement sur une souris. Aux quatre coins du globe, de nombreux individus engagés ont lancé, via les réseaux sociaux, des mouvements citoyens qui, tel le rocher de la libre pensée, écrasent les dictatures et les gouvernements qui s'opposent à cette nouvelle dynamique. Cela se produit au quotidien, partout sur cette planète. La pensée d'une seule personne peut créer un nouveau concept de foi, une foi en de nouvelles possibilités qui changeront l'histoire de l'humanité.

Aujourd'hui, les pensées individuelles se combinent si rapidement entre elles qu'elles provoquent chaque jour des changements majeurs. Souvenez-vous que les énergies semblables s'attirent ! Les révolutions éclosent puis sont réprimées. Le monde vit une phase d'expansion et l'argent disponible augmente, mais le plus infime changement entraîne une baisse de la confiance des consommateurs (ce qui signifie la peur) et des économies entières périclitent ! Les événements surviennent à un rythme plus rapide qu'auparavant, et ce, en raison de votre capacité à communiquer vos pensées à n'importe qui en temps réel. Vos pensées se retrouvent partout sur Facebook, sur Twitter et sur YouTube, le véhicule le plus puissant pour susciter une réponse émotionnelle. Si une photo vaut mille mots, je dirais qu'une vidéo en vaut cent mille, car elle fait naître de nombreuses pensées en une croyance spécifique alimentée et visuellement inspirée par une émotion ! Si vous combinez cela avec la puissance de la musique, vous obtenez alors la tempête parfaite de la pensée !

C'est la raison pour laquelle il est si crucial aujourd'hui de chasser la peur pour adopter des pensées positives, créatives et animées par la foi. En effet, vous êtes chaque jour confronté à des pensées négatives émanant de milliers d'autres personnes. Certaines répandent l'esprit de division. D'autres propagent le racisme. D'autres encore déclenchent la haine et la destruction. Il faut donc que des voix très nombreuses s'élèvent pour parler d'unité, croire en la bonté inhérente de l'esprit humain et reconnaître la relation privilégiée que cet esprit entretient avec l'énergie de la planète. Ceux qui choisissent en toute conscience d'adopter cette manière de penser permettront à l'humanité d'évoluer de façon positive et d'atteindre de nouveaux sommets.

Je vous garantis que si vous vous efforcez de hisser lentement le rocher au sommet de la côte, une pensée à la fois, vous découvrirez que vous êtes entouré d'une multitude de penseurs qui au fond vous ressemblent et pousseront à leur tour ce rocher de la pensée lorsque vous vous reposerez. Soudain, vous vous rendrez compte que votre pensée a définitivement basculé, qu'elle prend de l'élan, gagne en vitesse et en taille alors qu'elle déboule la côte et attire de plus en plus de partisans et de sympathisants. La clé est de continuer à générer des pensées positives afin de créer des liens solides avec d'autres personnes animées de pensées similaires et prêtes, elles aussi, à basculer dans une autre dimension. Ainsi, la vallée en sera radicalement transformée car son socle sera constitué de pensées positives, créatives et inspirées par la foi.

Il suffit d'un instant pour changer votre manière de penser, et cet instant transformera votre vie !

Il existe de nombreux moyens de vous transformer et de transformer la planète, et la plupart vous permettront de modifier en profondeur votre manière de penser. Ces méthodes vous aideront à élever votre vibration énergétique jusqu'à une certaine fréquence où vous pourrez attirer à vous des situations et des personnes qui partagent la même vision que vous tout en concourant à votre propre félicité.

CHAPITRE 15

Élever la vibration de la planète

Le temps est venu! L'énergie de l'unicité universelle est en toutes choses… Le temps est venu de comprendre non pas ce qui nous sépare, mais ce qui nous unit.

Le processus visant à transformer vos pensées est parfois difficile à mettre en œuvre car votre mode de fonctionnement cognitif peut être profondément enraciné à l'intérieur ou à l'extérieur de votre corps. Si vous voulez élever votre niveau de pensée, il est souhaitable que vous appreniez comment modifier la vibration de votre champ énergétique.

Chaque être humain a une fréquence qui lui est propre, un peu comme une «adresse» ou un «numéro de téléphone». Quand vous fonctionnez au maximum de votre capacité énergétique, votre «numéro de téléphone» opère comme une ligne directe apte à recevoir facilement des informations en provenance de votre âme. Si la peur vous pousse à limiter vos expériences ou vos pensées, votre signal devient de plus en plus faible et, en cas de perte totale de ce signal, vous pourriez même ne pas avoir conscience des bonnes choses qui vous sont transmises. Nous avons tous connu cela. Lorsque vous fonctionnez à capacité maximale, vous êtes toujours au bon endroit au bon moment, mais lorsque votre signal est assombri par la peur, vous avez l'impression de « marquer une pause ». Les mois défilent, l'argent s'épuise et vous éprouvez la sensation tenace de laisser filer des opportunités en or ou de ne pas faire ce qui, ultérieurement, aurait pu s'avérer merveilleux.

Certaines techniques peuvent vous aider à élever votre vibration ou votre signal personnel. Celles que je recommande sont très puissantes ; en outre, elles présentent la caractéristique commune de pouvoir être universellement apprises et autoadministrées. Vous pouvez les pratiquer par vous-même ou les partager avec ceux et celles que vous aimez. Cependant, avant d'aborder en détail ces techniques, permettez-moi de m'attarder sur ce que vous ressentez précisément lorsque votre vibration, ou votre niveau d'énergie, opère à sa capacité optimale. Quand votre champ énergétique fonctionne de façon optimale, vous vous sentez confiant et satisfait de vous-même. Les choses semblent arriver sans que vous ayez à fournir le moindre effort. Vous éprouvez un sentiment de légèreté, de bonheur et de gratitude. Vous attirez à vous des situations et des personnes sublimes et, règle générale, vous avez l'impression que le monde vous appartient. La plupart d'entre vous ne se souviennent sans doute pas d'avoir expérimenté un tel sentiment ou, si c'est le cas, ce dernier est souvent relié à l'enfance. Certains ont pu éprouver des sentiments similaires au début d'une relation, lorsqu'ils étaient totalement amoureux et que cet amour était partagé. D'autres peuvent l'avoir vécu en assistant à la naissance d'un enfant, alors qu'ils étaient éblouis par la pureté et l'innocence absolues de ce petit être qu'ils serraient dans leurs bras.

C'est un sentiment fabuleux que vous pourriez potentiellement éprouver la plupart du temps. Cependant, vous pouvez aussi le perdre sous l'influence des facteurs de stress quotidiens qui prennent plus d'importance qu'ils ne le devraient. La plupart d'entre vous ont déjà dû composer avec de nombreux facteurs de stress associés à leur travail, à leur situation financière, à leur santé ou à leurs relations amoureuses. Lorsque vous ressentez un tel état de stress, n'avez-vous pas l'impression d'être englué dans une énergie négative dont vous ne pouvez vous extraire ? Il y a une raison à cela. Imaginez que vous soyez un verre clair rempli d'une eau pure. Au commencement, votre source d'énergie correspondait en tous points à cette description, et idéalement c'est ainsi que vous pourriez exister. Toutefois, au fil du temps, votre vie se remplit graduellement d'une énergie plus dense, comparable à de l'huile versée dans de l'eau pure. Au début, les facteurs de stress sont légers, semblables à une huile propre et transparente. Pourtant, ils affectent imperceptiblement le parfait équilibre de l'eau pure (votre énergie). C'est alors que des énergies plus lourdes, assimilables à une huile épaisse et sombre, commencent insensiblement à envahir votre espace, au point que vous n'êtes plus apte à percevoir votre pureté originelle. Au fur et à mesure que cette huile se déverse, elle déplace le liquide originel et finit par flotter au sommet du contenant, formant un film au-dessus de l'eau. C'est exactement ce qui se passe avec votre énergie ou, si vous préférez, votre vibration ou force vitale. Votre réserve de pur cristal est peu à peu souillée par des idées et des concepts qui ne peuvent ni se fondre ni s'intégrer à la création originelle. Ne se mélangeant pas les unes aux autres, ces particules d'émotions et de pensées remontent à la surface, créant ainsi une barrière difficile à percer. Finalement, si cette énergie est assez lourde, elle remplacera l'énergie originelle du contenant par de la boue noire. Êtes-vous conscient que c'est exactement ce que vous vivez à l'intérieur de votre propre corps ? La peur et l'amour sont comparables à l'huile et à l'eau; ces dernières peuvent vivre côte à côte, chacune répondant à une finalité, mais elles ne se mélangent pas. Lorsque l'amour est l'énergie dominante, il dissipe la peur. À l'inverse, lorsque la peur est l'énergie dominante, elle déloge et déplace l'amour.

En conséquence, pour élever la vibration de l'amour, il est parfois nécessaire de repérer l'énergie négative qui assombrit l'énergie pure et originelle ou d'identifier l'énergie originelle qui a été évincée ou amoindrie par l'intrusion d'une énergie plus lourde. Virtuellement, toutes les énergies sont enracinées dans votre passé, particulièrement dans votre enfance. En effet, c'était le temps où votre conception du bien et du mal prenait forme. Règle générale, les adultes ont toutefois de la difficulté à reconnaître que les schémas comportementaux auxquels ils doivent faire face trouvent souvent leur origine dans l'enfance. Le corps se souvient des situations qui vous ont amené à structurer vos premières croyances telles que : « Personne n'a jamais prétendu que la vie serait facile » ou « L'argent est la source de tous les maux » ou encore « Cette personne n'est pas comme nous, elle n'est pas assez bien » ou enfin « Vous n'appartenez pas au même monde qu'eux ». Ces pensées constituent vos premières opinions, croyances et peurs. Et la plupart sont profondément enfouies dans la mémoire cellulaire de votre corps.

Pour repérer et libérer ces souvenirs, plusieurs techniques très efficaces sont disponibles; elles peuvent être pratiquées dans l'intimité de votre maison et ne coûtent presque rien. J'insiste sur ce point car si l'on veut que la planète connaisse une mutation majeure, il est impératif que les gens aient accès à cette information. Bien que certains d'entre vous aient déjà entendu parler de ces techniques, la plupart les découvrent pour la première fois. Si vous souhaitez obtenir plus d'information à ce sujet et échanger avec des experts de très haut niveau, allez visiter le site de Gerry à www.gerrygavin.com.

Vous trouverez ci-après une description des techniques que je vous recommande. Chacun d'entre vous en privilégiera certaines plus que d'autres; cela fait partie de votre nature unique et de votre libre arbitre. Fiez-vous à votre instinct et à votre cœur pour identifier et choisir les méthodes qui vous correspondent le mieux. Vous pourriez aussi décider de toutes les pratiquer de manière à prendre des décisions basées sur votre expérience personnelle. Dans ce domaine, tout dépend de vous. Il n'y a pas de mauvaise réponse.

Si vous n'êtes pas sûr de votre choix, je vous suggère de solliciter une assistance technique auprès du concepteur de programme. En d'autres termes, priez. En vieil anglais, le verbe prier était synonyme de demander, comme dans la phrase : «Je vous prie, messire, de nous indiquer le chemin à prendre.» Vos prières répondent à un besoin identique. Vous demandez simplement au Créateur quel est le meilleur chemin à emprunter. J'aimerais mentionner un point important au sujet de la prière. Hormis le fait qu'elle est directement transmise au Créateur, elle est automatiquement téléchargée dans la conscience collective. Lorsque de nombreuses personnes prient pour obtenir le même résultat, ces prières fusionnent, multipliant ainsi leur énergie et leur force. La prière est un outil énergétique très puissant pour élever la vibration de la planète. C'est aussi une technique de guérison efficace, créative et positive. Le Créateur écoute et exauce vos prières en vous donnant accès à toute l'énergie dont vous avez besoin pour satisfaire votre demande, à condition que votre foi en cette prière soit assez puissante pour vous inciter à ne jamais dévier de votre cap. Afin d'élever votre vibration et celle de ceux que vous aimez, adoptez les façons les plus rapides et les plus évidentes pour y parvenir.

Prier

Pour vous-même, pour ceux et celles que vous aimez, pour ceux qui vous mettent en colère, et même pour ceux que vous ne connaissez pas. En priant pour vous-même, pour ceux que vous aimez et pour les étrangers, vous confirmez votre croyance en l'égalité de chaque être humain, ce qui donnera encore plus de puissance à votre prière car votre intention ne se résumera pas à vouloir accroître uniquement votre vibration personnelle. En agissant ainsi, vous prierez pour augmenter la vibration de ceux que vous aimez, vous enverrez votre amour à ceux qui vous mettent en colère, dissipant par là même cette colère, et finalement vous transmettrez de l'énergie à ceux qui en ont le plus besoin, permettant au Créateur et aux anges de la répandre vers un groupe presque infini. En vérité, la prière est une technique extrêmement puissante !

Méditer

De nos jours, les humains méditent plus qu'ils ne l'ont jamais fait. La méditation est un puissant processus de croissance personnelle. La différence entre la méditation et la prière, c'est que vous pouvez facilement entrer en méditation sans émettre la moindre demande. L'objectif fondamental est d'apaiser votre esprit et de vous permettre de vous immerger dans la tranquillité de votre être afin d'atteindre une connexion directe avec votre âme, votre moi supérieur.

La méditation peut emprunter différentes formes, mais tout repose sur la respiration. En vous concentrant sur votre respiration, vous permettez à votre corps et à votre cerveau d'accumuler plus d'oxygène, ce qui entraîne une réponse de relaxation et apaise votre esprit en repoussant les pensées nourries par la peur. Gerry utilise et enseigne une technique de respiration fort simple, qu'il qualifie de processus des sept chanceux. Cet exercice est très facile à pratiquer.

Il vous suffit de vous asseoir ou de vous allonger confortablement et de compter vos respirations. Inhalez en comptant jusqu'à sept (à environ une seconde d'intervalle), puis retenez votre respiration durant sept secondes. Exhalez ensuite durant sept secondes et répétez cet exercice. Avec la pratique, vous parviendrez à un point où vous ne penserez plus à rien et où votre esprit sera totalement absorbé par le décompte et la respiration, et ce, jusqu'à ce que vous puissiez vous concentrer exclusivement sur la respiration et que vous soyez pénétré par le calme et la clarté de la pensée. Si cela vous est possible, il est recommandé d'inhaler par le nez et d'exhaler par la bouche.

Certains croient que vous devriez vous présenter à une séance de méditation avec une question ou un problème que vous souhaiteriez résoudre durant ce processus. Cette approche est légitime et peut s'avérer très productive. Cependant, je vous conseille vivement de méditer aussi souvent que possible sans aspirations particulières, hormis la relaxation et le plaisir. C'est ainsi qu'il vous sera possible d'augmenter au maximum votre vibration. Et lorsque vous sortirez de cette méditation, l'état d'esprit dans lequel vous serez vous aidera à trouver les solutions appropriées. Vous pouvez vous adonner à la méditation chez vous, au travail ou quasiment n'importe où, et cela n'exige aucune formation particulière. Au fur et à mesure que vous acquerrez une plus grande maîtrise de la méditation, il vous faudra moins de temps pour atteindre cet état de calme et de détente que vous recherchez ardemment. Je vous encourage à prendre de courtes pauses durant la journée pour travailler sur votre respiration, tout particulièrement le matin, avant d'entamer votre journée de travail, et le soir, avant d'aller vous coucher. Ces deux moments sont très importants car ils vous permettent, d'une part, de démarrer la journée sur des chapeaux de roue en étant bien détendu et, d'autre part, de la clore en éliminant le stress accumulé avant d'entrer dans le sommeil l'esprit léger. À ceux d'entre vous qui considèrent la méditation comme une activité excentrique, je répondrai que de nombreux hôpitaux, notamment ceux qui se spécialisent dans le traitement du cancer, offrent des séances de méditation pour aider leurs patients à mieux accompagner leur processus de guérison. En effet, il a été scientifiquement prouvé que la connexion corps-cerveau peut être grandement affectée par l'état d'esprit du patient. Par conséquent, si cette technique est assez puissante pour renforcer la vibration corporelle et favoriser la guérison, vous pouvez à l'évidence y recourir pour atteindre d'autres buts.

Expérimenter et apprendre le reiki

Le reiki est l'une des plus anciennes techniques de guérison au monde, et sa finalité est d'accroître votre vibration. Elle y parvient en vous permettant d'être connecté à la fréquence d'information qui est téléchargée et à l'énergie vitale universelle qui vous est envoyée directement par le Créateur, par les anges et par votre âme pour vous apporter la santé, le bonheur et l'amour inconditionnel. Le mot reiki est d'origine japonaise ; il signifie « énergie universelle ou force vitale ». Cette méthode, qui vous relie directement au flux d'énergie circulant entre le monde spirituel et le monde physique, fut utilisée par les prêtres de l'Égypte ancienne et par d'autres civilisations. Aujourd'hui, pour être totalement réceptif à cette énergie, il est nécessaire de recourir aux services d'une personne bien formée et maîtrisant parfaitement l'art et la science du reiki. Cette harmonisation spirituelle peut s'effectuer en personne ou à distance ; nous avons d'ailleurs aidé Gerry à découvrir des méthodologies lui permettant d'intervenir auprès d'individus vivant en des endroits fort éloignés. Le reiki peut être autoadministré ; vous pouvez également pratiquer une séance de reiki sur des personnes, des animaux, des plantes, de la nourriture ou même sur l'énergie prévalant dans votre lieu de travail. Le reiki, qui amplifie la force vitale créative et le processus de guérison, est une technique qui ne présente aucun danger. Lorsque vous traitez quelqu'un en recourant au reiki, l'aspect le plus merveilleux est que l'énergie vous traverse et traverse cette personne, ce qui vous permet de bénéficier, vous aussi, de cette énergie de guérison et de création qui augmente votre vibration.

Le meilleur moyen de comprendre ce dont je parle est d'expérimenter le reiki par vous-même. Vous pouvez vous familiariser avec cette technique en assistant à une séance de sensibilisation organisée par votre communauté. Ceux qui pratiquent le reiki le font souvent pour partager avec d'autres la connaissance et les innombrables bienfaits que le reiki apporte.

Découvrir la digitopuncture (ou digitopression) psychologique (aussi connue sous l'appellation Technique de libération émotionnelle ou TLE)

Ceux d'entre vous qui vivent dans le monde occidental trouveront un certain réconfort dans le concept de tapotement. En effet, cette technique combine la technique orientale de la digitopuncture psychologique et le concept occidental de thérapie par la parole. Elle est centrée, d'une part, sur l'utilisation de vos doigts pour appliquer une pression sur des points clairement identifiés sur la tête et le haut du torse et, d'autre part, sur votre capacité à vous exprimer haut et fort sur les situations que vous vous efforcez de surmonter. Exprimer vos sentiments de la sorte est très efficace car en agissant ainsi votre corps libère une énergie que vous reteniez dans vos os, vos muscles ou vos tissus. Cette énergie, issue d'un souvenir ancien ou d'un traumatisme, ne reste pas seulement enfermée dans certaines parties du corps, mais s'autoreproduit tous les sept ans. Lorsque vous desserrerez l'étau de cette énergie pour la ramener à la surface, vous pourrez vous sentir mal, mais plus vous vous concentrerez et persévérerez, plus vous découvrirez que votre corps vous parle et vous permet d'identifier des poches d'énergie endiguée et contenue qui se manifeste par une certaine lourdeur et un léger inconfort.

La digitopuncture est un merveilleux outil que vous pouvez apprendre à utiliser par vous-même ou avec l'aide d'un instructeur. Vous pouvez y recourir pour libérer toutes les formes de blocages énergétiques, que ces derniers soient d'ordre physique, émotionnel, ou même spirituel. En brisant la barrière de vos blocages, cette technique vous permet d'accroître considérablement votre vibration. Je vous conseille fortement d'expérimenter cette technique qui favorise la mutation globale de notre manière de penser. Nombreux sont ceux qui l'utilisent déjà. Pour information, il existe un excellent documentaire sur la digitopuncture. Son titre est *The Tapping Solution*. Son réalisateur, Nick Ortner, secondé par son frère et sa sœur, Alex et Jessica, appuie le programme de soutien et d'accompagnement Tapping Angels, qui a pour but de transmettre les enseignements contenus dans ce film aux prisonniers et aux groupes communautaires.

Les huiles essentielles et l'énergie

Un des sens les plus développés chez l'humain et parmi d'autres espèces animales est le sens olfactif – l'odorat. L'odeur d'un parfum, d'un plat ou d'une fragrance naturelle peut évoquer très clairement en nous le souvenir d'une situation vécue dans le passé. De même qu'il est essentiel de bien respirer pour méditer, il est important de bien sentir. En effet, le nez transmet des messages très puissants par la respiration. C'est votre sens olfactif qui identifie les phéromones, lesquelles constituent un des déclencheurs les plus puissants de l'attirance physique entre les membres du royaume animal – qui inclut les humains. Les arbres, les plantes et les fleurs produisent tous les remèdes et toutes les substances dont les humains et les animaux ont besoin pour guérir, être en bonne santé et vibrer à la fréquence leur permettant d'être connectés à leur âme. En observant les animaux, les peuples indigènes ont appris comment utiliser les plantes, les écorces et les fleurs pour se soigner. Bon nombre de ces plantes sécrètent des huiles naturelles qui peuvent être inhalées, frottées sur la peau et parfois même ingérées. Vous avez probablement entendu parler de certaines d'entre elles. Le parfum de lavande se retrouve maintenant dans les shampoings et les chandelles, et les utilisateurs reconnaissent son effet apaisant. L'orange, que l'on utilise dans les produits de nettoyage, est très efficace pour éveiller les émotions. Le pin et la menthe poivrée possèdent de très fortes propriétés curatives. Le pin sert à tuer les germes et les bactéries, alors que la menthe poivrée est reconnue pour sa capacité à guérir les problèmes intestinaux. Par conséquent, l'idée d'utiliser des huiles pour vous aider à accroître votre vibration n'a rien de farfelu.

En vérité, les huiles essentielles devraient faire partie des produits en lesquels vous avez le plus confiance. Il existe des huiles appropriées à tous les usages : pour garnir votre trousse de premiers soins, prendre votre bain, stimuler votre capacité de réflexion, et agrémenter votre nourriture. Elles contribueront toutes à votre bien-être. Les Amérindiens et d'autres peuples autochtones ont depuis longtemps compris que tout ce qui nous entoure – les arbres, les plantes et les fleurs – détient une énergie spéciale et une force vitale qu'ils utilisent avec respect pour se nourrir et pour soigner les leurs. À la fin de ce chapitre, j'aborderai plus en détail l'énergie qui anime les peuples indigènes.

De nos jours, vous pouvez acheter des huiles essentielles fabriquées par de nombreuses entreprises responsables qui en garantissent la pureté. Vous pouvez vous procurer certaines de ces huiles dans des boutiques de produits naturels ou les acheter en ligne. Certains mélangent même ces huiles pour répondre à des besoins bien précis. En outre, de merveilleux praticiens vous aideront à en apprendre plus sur ces huiles, soit en ligne, soit au sein de vos communautés. Les huiles essentielles, qui sont en parfaite harmonie avec la nature et respectent la pureté de l'essence de la plante, constituent un outil rapide, efficace et pratique pour vous permettre d'élever votre vibration et votre fréquence. Je vous recommande vivement de vous y intéresser !

Développer votre intuition

La plupart des gens ont entendu parler, ou peut-être expérimenté, divers aspects de ce qui est aujourd'hui qualifié de sixième sens. Sans doute êtes-vous aussi familiarisé avec le terme « intuition féminine », qui signifie que les femmes sentent souvent des choses que les hommes ignorent en raison de leur approche plus logique. Mais les hommes et les femmes peuvent développer leur capacité à voir au-delà des limites de leurs cinq sens et appréhender une connaissance plus profonde qui leur permettra ensuite de télécharger des informations utiles en adoptant une perspective plus vaste.

Il existe de merveilleux professeurs qui vous apprendront comment développer vos habiletés intuitives. L'intuition est un élément du potentiel humain que seule une poignée d'individus utilisent. Pourtant, vous possédez tous cette aptitude. Comme Gerry, vous pouvez apprendre à parler à vos anges, à d'autres aides spirituels et au Créateur Lui-même. Dans les années à venir, lorsque la fréquence énergétique de la planète aura augmenté, ceux d'entre vous qui auront développé un lien privilégié avec leur dimension intuitive se porteront mieux que les autres. Apprenez à ouvrir votre troisième œil, votre sixième chakra, et vous découvrirez alors le monde et vous-même avec une clarté que vous n'auriez pu imaginer.

Récupération de l'âme

Sans doute vous souvenez-vous que nous avons abordé, dans un chapitre précédent, la façon dont votre corps traitait l'énergie et les traumatismes. Dans certains cas, votre cerveau, semblable en cela à un ordinateur, identifie une situation qui doit être «obligatoirement supprimée». C'est un peu comme lorsque votre ordinateur élimine un fichier mis en quarantaine et l'envoie directement à la poubelle sans en analyser le contenu. Ceux qui sont familiarisés avec ce phénomène le qualifient de perte de l'âme car une partie de l'énergie que votre âme a investie dans votre enveloppe humaine est littéralement dissociée de vous et demeure figée en un autre temps et un autre lieu. Bien qu'il n'existe à ce jour aucune technique permettant de réunir par vous-même des parties éparses de votre âme, Gerry poursuit des recherches approfondies visant à récupérer cette énergie perdue. Depuis de nombreuses années, il pratique les techniques de récupération de l'âme, sur place ou à distance, et les enseigne dans ses ateliers. La récupération de l'âme doit être menée sous la supervision d'un praticien de l'ancien art shamanique. Cela peut s'effectuer chez vous, dans un lieu de guérison ou à distance. Pour la plupart des gens, le recours à cette technique rend toutes les autres beaucoup plus efficaces. Si vous avez subi une perte d'âme importante, vous ne pourrez pas guérir des parties de vous-même en ayant uniquement recours aux autres techniques offertes. Cela équivaudrait à organiser une fête à laquelle les invités d'honneur n'auraient pas été conviés. La récupération de l'âme vous permet de rassembler les énergies mémorielles qui se sont dissociées de votre âme ou qui se sont perdues lors des périodes de transition ou des périodes les plus formatrices et structurantes de votre vie.

Afformations

Il y a quelques mois, Gerry a découvert un programme de formation en ligne supervisé par son fondateur, Jeffrey Howard, qui est aussi un visionnaire. Dans ce programme, de merveilleux et nombreux enseignants transmettent des messages inspirés par les anges. L'un d'entre eux, Noah St. John, a découvert un système permettant de modifier votre manière de penser et, ce faisant, d'élever votre vibration. Ce système est connu sous l'appellation anglaise *Afformations*. À maintes reprises, j'ai eu recours dans ce livre à des analogies inspirées par le monde de l'informatique et de la technologie car ces références vous sont familières. Influencé par le même concept, Noah a pris conscience que les problèmes que la plupart des gens éprouvent avec leur manière de penser proviennent du fait qu'ils posent les mauvaises questions. Il s'est aussi rendu compte que votre esprit a le même mode de fonctionnement que Google – c'est un moteur de recherche. Lorsque vous vous posez la question suivante : « Pourquoi m'arrive-t-il toujours les mêmes choses ? » votre esprit réagit comme un moteur de recherche en faisant appel à toute la mémoire cellulaire disponible afin de répondre directement à cette question et de justifier la théorie selon laquelle vous méritez ce qui vous arrive. Noah s'est ensuite demandé ce qui se produirait si vous modifiiez votre recherche en changeant de question. Au lieu de dire : « Pourquoi ne puis-je évoluer et aller de l'avant ? » vous pourriez vous demander : « Pourquoi ai-je autant de facilité à évoluer et à aller de l'avant ? » En procédant de la sorte, c'est-à-dire en interrogeant autrement votre moteur de recherche, votre cerveau fouillera votre mémoire cellulaire pour obtenir une réponse différente. Il fera appel aux forces et aux expériences qui vous aideront à récupérer non seulement vos souvenirs, mais aussi la dimension émotionnelle de l'énergie découlant de vos succès. Parfois, les affirmations seules sont loin d'être concluantes. En effet, il est quelquefois difficile pour votre cerveau de croire en un concept totalement étranger à la situation personnelle que vous vivez présentement. Si vous tentez de vous persuader que vous êtes prospère alors que l'électricité vient d'être coupée dans votre appartement et que vous vous retrouvez assis au milieu d'une pièce vide et obscure, votre cerveau pourrait avoir du mal à accepter cette affirmation. Mais si vous vous posez la question suivante : « Pourquoi m'est-il si facile de gagner l'argent dont j'ai besoin pour être prospère ? » votre esprit se mettra aussitôt à chercher la réponse à cette question et vous aidera à invoquer l'énergie dont vous avez besoin pour créer cette réalité ou à la faire surgir. C'est une technique très puissante que Gerry a utilisée à maintes reprises et qu'il partage avec ses clients. Si vous souhaitez en apprendre plus sur Noah St. John et sa technique, des informations supplémentaires sont disponibles sur le site Web de Gerry. Sachez qu'il s'agit là d'un outil extrêmement puissant dont vous devriez user sans plus tarder ! Et lorsqu'on s'en sert parallèlement aux affirmations, il est encore plus efficace.

Se réapproprier « la Voie »

Ce livre est parsemé de nombreuses références aux peuples indigènes. Avant de devenir « civilisés », la plupart de ceux qui peuplaient les terres de cette planète éprouvaient un amour et un respect véritables pour toutes les formes de vie, qu'ils protégeaient d'ailleurs. Lorsque les pionniers se sont installés sur leurs terres, la plupart des peuples indigènes les ont accueillis à bras ouverts, comme des amis, et ont partagé avec eux tout ce qu'ils possédaient. Leurs systèmes de croyances leur avaient enseigné que vivre consciemment n'était pas une formule que l'on pouvait appliquer pour atteindre l'épanouissement personnel. Pour eux, cela représentait un mode de vie. La terre était vénérée et respectée comme un miracle du Grand Esprit ou d'autres bienfaiteurs spirituels. Les créatures, petites ou grandes, étaient toutes traitées comme des frères et sœurs. Il n'y avait pas de mouvement écologique car la conservation et la protection de la planète faisaient partie de leur quotidien. Intuitivement, ils s'autorisaient à ouvrir grands leurs yeux et leurs oreilles de manière à pouvoir entendre le langage des plantes, de l'eau, du vent, d'autres créatures, et du monde des esprits.

Le temps est désormais venu de se réapproprier ce mode de vie. Gerry répète souvent la phrase suivante : « Tout ce qui se prétend nouvel âge appartient en réalité à la vieille école. » Si l'on se réfère aux croyances des peuples indigènes, cette affirmation ne pourrait être plus vraie.

Pour tous les peuples de la Terre, le temps est venu de regarder en arrière afin de s'inspirer des modes de vie des indigènes de leur pays. De nombreux Anciens sont prêts à enseigner à ceux qui s'interrogent sur la survie de cette planète et à leur apprendre comment vivre en éprouvant du respect et de la compassion pour toutes les créatures. Ils parlent des langues qui ne jaillissent pas de la gorge, mais du cœur. Je vous supplie de les apprendre et, surtout, d'apprendre à parler avec votre cœur. Si vous suivez la voie ou empruntez le « chemin rouge », vous élèverez votre vibration, augmenterez votre capacité à aimer et contribuerez à la guérison de cette planète.

Le temps est venu ! Nous ne formons qu'un – chacun d'entre nous, du Créateur aux anges, des esprits humains aux esprits animaux en passant par les rochers, l'eau, l'air et les pierres. L'énergie de l'unicité originelle est en toutes choses, et cette énergie traverse et imprègne chaque particule de matière dans l'univers ! Le temps est venu de comprendre non pas ce qui nous sépare, mais ce qui nous unit. Certes, nous arborons des couleurs, des accents et des styles différents, mais nous sommes tous issus de la même étoffe, de ce tissu étonnant et prodigieux qui nous rassemble tous par-delà nos différences !

Il existe bien d'autres techniques de guérison que je n'ai pas abordées dans ce chapitre, par souci de concision. Le yoga, la méthode Pilates et le taï-chi sont de merveilleuses approches permettant de relier le corps, l'âme et l'esprit. Les massages et d'autres formes d'exercice corporel vous aideront également à apaiser vos tensions et à desserrer l'étau de votre mémoire cellulaire.

Souvenez-vous, lorsque vous aurez pris la décision de vivre votre vie avec une plus grande conscience, vous donnerez au Créateur, aux anges, et à votre moi supérieur le pouvoir de vous guider vers les techniques qui vous seront les plus utiles. De nouveau, tout repose sur votre processus de prise de décision. Vous créerez ce que vous pensez ! L'avenir de la planète dépend donc de vos pensées car vous avez bien plus de pouvoir que vous ne pouvez l'imaginer. À partir d'aujourd'hui, pensez exclusivement au monde que vous voulez créer, un monde rempli d'amour, de joie, d'abondance, et de paix !

Chapitre 16

Tout est dans les espaces

L'espace est cette particule insaisissable que chacun recherche ; vous y avez accès à chaque instant de la journée et dans tous les espaces compris entre ces instants.

Gerry a récemment rencontré une jeune femme qui souhaitait une lecture privée. D'emblée, elle lui demanda d'établir le contact avec moi afin que je puisse l'aider à surmonter les pensées obsessionnelles compulsives découlant de ses relations complexes avec les hommes. Elle avait le sentiment que ses pensées fonctionnaient à leur guise, de manière quasi autonome – tel un train de marchandises qui prend de l'élan et ne peut plus s'arrêter, elle avait l'impression que son esprit allait dérailler et elle en perdait la tête.

Tout en répondant à ses questions, je lui ai demandé si elle avait déjà remarqué qu'elle passait parfois d'une pensée à une autre avant de revenir à la pensée initiale ou de laisser son esprit vagabonder vers une autre pensée. Elle a reconnu que c'était bel et bien le cas, mais qu'au bout du compte ses pensées compulsives finissaient toujours par revenir la hanter. Je lui ai alors répondu que le lieu du changement – c'est-à-dire là où elle pourrait reprendre le contrôle de sa vie et de ses pensées – résidait dans l'espace situé entre ses pensées. En effet, cet espace est le lieu où vous maîtrisez la commande à distance de votre esprit, où vous décidez en quelque sorte de l'émission que vous allez continuer à regarder !

Lorsque vous regardez la télévision ou faites défiler rapidement le menu de votre téléphone ou de votre ordinateur, avez-vous déjà remarqué que vous surfiez alors entre diverses possibilités d'information et que vous recherchiez en fait un élément susceptible de retenir votre attention ? Et qu'au moment où vous avez enfin trouvé ce que vous voulez regarder ou écouter, vous abandonnez votre recherche pour un certain temps ? Même si vous faites partie de ceux qui peuvent regarder un film inséré dans un autre film sur l'écran de leur téléviseur, votre esprit ne pourra porter son attention que sur un centre d'intérêt spécifique à un moment précis. Vous pouvez avoir l'impression d'effectuer des tâches multiples à un instant donné, mais il y a toujours une période de transition – une fraction de seconde où vous décidez de porter votre attention vers un autre objet. Cet espace est ce qui vous relie à votre âme et à l'essence véritable de tout ce qui existe ! Lorsque vous vous retrouvez dans cette dimension, vous êtes en réalité dans l'espace situé entre les cellules cognitives. Vous évoluez dans ce territoire invisible que les scientifiques, par-delà les polémiques, étudient depuis des décennies. Ainsi, vous êtes potentiellement à même d'accéder à la substance qui relie toutes choses – soit la matière essentielle qui cimente tout et attire les particules les unes vers les autres afin de former des substances capables d'émaner d'une pensée ou éventuellement de se transformer en matière solide. L'espace situé entre les pensées est relié à la matière qui crée l'espace entre toutes choses, de l'atome le plus minuscule à l'immensité du ciel étoilé ou à l'obscurité qui les entoure. L'espace entre vos pensées est bien plus important que vous ne pourriez l'imaginer. Il représente presque 90 % de la matière des cellules cognitives. Bon nombre de scientifiques estiment que les humains utilisent seulement 10 % de leur matière cérébrale, mais ce n'est pas tout à fait vrai. Votre cerveau fonctionne en permanence, ainsi que toutes ses composantes. En fait, vous vous concentrez seulement sur les 10 % de ce que votre cerveau accomplit, alors que les 90 % restants sont constitués de l'énergie qui maintient l'unité de l'ensemble. Ces espaces sont essentiellement constitués d'énergie magnétique qui cimente les cellules et permet à la matière de se déplacer. En fait, l'espace qui existe entre vos pensées les aide à se former et à se mettre en mouvement.

Imaginez les choses de la façon suivante : lorsque les pales d'un ventilateur se mettent à tourner, elles déplacent des particules d'énergie. Vous ne pouvez discerner aucune de ces particules, mais le mouvement du ventilateur propulse l'air de l'avant, ce qui crée un courant d'air. En réalité, vous sentez les particules d'air qui caressent votre visage et soulèvent vos cheveux ou vos vêtements bien qu'elles soient invisibles à vos yeux. La nature agit de manière similaire en mettant en mouvement de vastes groupes de particules qui donnent naissance au vent. Les particules, qui se déplacent dans une certaine direction puis s'agglomèrent à d'autres particules, créent ainsi le mouvement. Votre cerveau fonctionne de façon identique. Lorsque vous regardez une émission à la télévision et que survient une pause publicitaire, vous en profitez pour naviguer entre les chaînes. Si une autre émission attire votre attention, vous commencez à la regarder. Et, parfois, vous êtes si passionné par cette nouvelle histoire que vous en oubliez celle que vous étiez en train de visionner. Il en va de même pour vos pensées. Vous pensez à une certaine thématique, puis un nouveau sujet vous intéresse ou vous distrait et vos pensées se déplacent alors dans une autre direction. C'est ainsi que la plupart des gens pensent. En effet, devant une telle profusion de stimuli externes, vous êtes constamment assailli par une foule d'informations qui retiennent votre attention. Le problème est que vous gaspillez tant de temps à être distrait par de nouvelles pensées que votre esprit a peu de temps à consacrer à des pensées réellement constructives. Une pensée constructive vous permet d'exploiter les espaces entre vos cellules cognitives de façon à mettre en mouvement l'énergie qui donnera vie aux pensées que vous nourrissez. Les personnes créatives sont très liées émotionnellement à leurs projets ; c'est cette émotion qui déplace l'énergie, anime leurs pensées et les fait naître à un rythme plus rapide. Préalablement, nous avons souligné le fait que la matière qui existe dans les espaces est constituée d'énergie magnétique, de même que nous avons évoqué au début de ce livre la loi de résonance magnétique. Lorsque vous pourrez canaliser les pensées situées entre les espaces ou lorsque vous les maîtriserez suffisamment pour penser en vous concentrant, et non pas en naviguant au hasard, vous pourrez alors les orienter vers les 90 % de votre cerveau, ce qui vous permettra d'en étendre la résonance magnétique. En d'autres termes, vous créerez un signal qui sera mis en mouvement et envoyé à l'univers – où il se liera à des pensées similaires avant de vous revenir.

Vos pensées créatives fonctionnent comme un boomerang ; plus vous y mettez d'énergie, plus loin vous pourrez les lancer et plus rapidement elles vous reviendront. Néanmoins, si vous avez encore des difficultés à comprendre l'importance des espaces pour vos pensées, j'aimerais que vous lisiez ce qui suit : s'iln'yavaitaucunespacedansvospenséesvousn'auriezaucunins tantderépit.Vousnesauriezplusoùvospenséescommencentoufi nissentetvousseriezviteépuisé.Vouspourriezéventuellementypa rvenirmaiscelaexigeraituneénergieconsidérableetseraitbeau coupplusdifficile.

Cependant, lorsque vous permettez aux espaces d'entrer dans le tableau, vous avez le sentiment de respirer plus librement. Dès lors, chaque mot, chaque pensée, devient plus clair et vous saute aux yeux! Sans ponctuation et sans espace entre les mots, votre capacité de lecture serait considérablement affectée et vous ne pourriez plus lire de manière quasi automatique, comme la plupart d'entre vous le font aujourd'hui.

Il en va de même pour la musique. Quand vous pensez à la musique, et particulièrement à son rythme, en réalité ce sont les silences qui lui donnent son pouvoir. Si la musique se limitait à une succession de notes jouées au hasard et sans aucune pause, les mélodies seraient toutes constantes et redondantes. Mais en modifiant la mélodie et la vitesse, c'est-à-dire en plaçant des espaces entre les notes et en créant des effets de fondu enchaîné, vous pourrez ressentir pleinement la passion et l'étonnante capacité de guérison de la musique. Son pouvoir réside dans les espaces entre les notes, et l'unité musicale d'une composition dépend de ces espaces.

Gerry œuvre dans le domaine de la guérison shamanique en ayant recours à la pratique des tambours shamaniques. Cette approche très puissante aide ses clients à parvenir rapidement à une profonde guérison. Elle repose sur l'utilisation d'un tambour à cadre simple jouant un rythme très constant à une note, à raison de deux ou trois battements par seconde. Les scientifiques ont découvert que le battement régulier du tambour provoque un état de transe au cours duquel les ondes cérébrales se modifient pour atteindre un état de conscience plus élevé, les quatre quadrants du cerveau fonctionnant alors à l'unisson.

Gerry a toujours cru que le son du tambour suffisait à créer cet état chez un individu, mais en réalité il survient lorsque les espaces entre les battements du tambour sont directement reliés aux espaces entre les pensées. Le battement du tambour, qui pousse le cerveau à accroître la taille de l'espace entre les pensées, permet d'atteindre cet espace sacré où chacun peut croître, apprendre et guérir.

Vous pouvez aussi considérer ces espaces comme les espaces dans un morceau de tissu. Bien que ce tissu ait l'air solide, il est en réalité constitué de fibres tissées autour d'espaces, ce qui lui permet d'être à la fois solide et flexible. Lorsque vous portez un manteau, ce sont les espaces entre les fibres du tissu et les plumes qui vous protègent du froid et créent la sensation de chaleur, car les espaces transmutent l'énergie de ces éléments.

Nous savons maintenant que les espaces jouent un rôle prépondérant dans la nature. Je pourrais décrire à l'infini des phénomènes naturels qui découlent des espaces présents dans la matière. Mais en quoi cela concerne-t-il la jeune femme qui a rencontré Gerry pour lui exposer ses problèmes et en quoi cela peut-il vous aider ?

Ralentir le rythme de vos pensées et orienter ces dernières autrement vous permettra de modifier vos pensées obsessionnelles. Si vous éprouvez de telles pensées, c'est que votre cerveau a réduit la structure cellulaire de vos pensées et qu'il y a donc moins d'espace entre elles. Certes, l'espace est toujours là, mais vous pourriez en douter car il est empli des pensées auxquelles vous vous efforcez de résister. Ces pensées obsessionnelles qui retiennent tant votre attention incitent votre cerveau à leur accorder une importance démesurée. En conséquence, elles en ressortent magnifiées, reviennent vous hanter plus souvent et emplissent les espaces. Autrement dit, votre résonance magnétique attire les pensées ou souvenirs d'anciennes pensées similaires ou même de nouvelles expériences qui renforcent vos schémas de pensée traditionnels. Parfois, la prise de médicaments amène le cerveau à court-circuiter ce processus, ce qui permet de fabriquer plus d'espace entre les cellules et d'atteindre un état de relaxation plus grand et moins obsessionnel. Certains sont capables d'atteindre des résultats similaires grâce à la méditation.

J'espère que vous comprenez que tout ce qui a été abordé dans les chapitres précédents trouve sa conclusion naturelle dans ce chapitre et dans votre capacité à bien comprendre et reconnaître que vous créez votre réalité et que vous devez donc créer plus d'espace. Voilà pourquoi les gens se sentent habituellement plus détendus lorsqu'ils passent des vacances à la montagne ou au bord de la mer. Plus vos espaces seront ouverts, plus vos pensées le seront. Cependant, vous pouvez tout aussi facilement créer des espaces ouverts dans vos pensées en pratiquant certaines des techniques que nous avons abordées dans ce livre.

Souvenez-vous, lorsque vous pensez en étant animé par la gratitude, vous élargissez les espaces entre vos pensées car vous vous concentrez sur ce qui est positif dans votre vie et accueillez ainsi l'incommensurable énergie de gratitude.

Lorsque des pensées négatives traversent votre esprit, acceptez-les puis laissez-les passer ; remplacez-les ensuite par des pensées positives et des souvenirs stimulants de votre passé, de façon à réorienter vos pensées et à en créer de nouvelles, ce qui vous donnera l'occasion d'accroître les espaces.

Quand vous méditez, priez, pratiquez le reiki ou les tapotements (digitopuncture), stimulez vos sens par des massages ou en recourant à l'aromathérapie, dansez, riez et exprimez de l'amour, vous élargissez l'énergie de vos espaces intérieurs. De même, lorsque vous pratiquez la technique des *afformations*, vous étendez ces espaces en les aidant à croître au maximum de leur capacité magnétique afin que vous puissiez bénéficier d'une énergie vaste, puissante, naturelle, et détachée de toute compétition. Ces approches vous aideront aussi à élargir votre espace intérieur.

L'espace ne se résume pas à ce que vous apercevez dans le ciel. Il existe à l'intérieur de vous et autour de vous. Il fait partie d'un tout. L'espace est cette particule insaisissable que chacun recherche. Vous y avez accès à chaque instant de la journée et dans tous les espaces compris entre ces instants.

CHAPITRE 17

Expansion énergétique

Créer un élan en aimant vos doutes

Lorsque vous exprimez votre gratitude et votre amour à l'égard de vos doutes, vous mettez automatiquement fin à la réaction de stress et déclenchez plutôt celle de l'amour.

Comme vous l'avez vu en lisant les précédents chapitres de ce livre, nous vous avons offert une quantité considérable d'informations visant à vous aider à réaliser que vous n'êtes pas seul et que, en dépit des apparences, tout est bien dans le monde.

Être un humain n'est pas une tâche facile ! Vous oubliez le fait qu'en réalité vous êtes une âme immortelle et que cette expérience, cette incarnation, n'est qu'une expression de l'expansion de votre être véritable.

Dans ce chapitre, nous aborderons les sujets suivants : l'expansion énergétique ; l'élan et la résistance ; la réaction versus la réponse ; la résistance convertie en pouvoir ; le doute, la grâce et la foi ; et enfin, la mise en pratique de tout cela pour atteindre la Paix, l'Amour et la Joie ! Commençons par le premier sujet.

L'expansion énergétique

Pourquoi choisissez-vous d'accroître votre énergie ? Pourquoi est-ce parfois si difficile et pourquoi est-il si important de rendre cela possible ? Dans la nature, tout cherche à prendre de l'expansion et à exprimer son plein potentiel ! Les arbres donnent naissance à de grandes forêts. Les grains de sable peuvent former des plages relaxantes ou des déserts ensoleillés. Les gouttelettes d'eau s'unissent pour former des ruisseaux, des lacs, des fleuves et même des océans.

Tout dans la vie nous pousse vers la plus grande expression possible de notre nature intrinsèque ; puis, entraînés par ce désir, nous cherchons à nous associer à d'autres êtres de même nature pour atteindre une dimension collective. C'est ainsi que nous nous lançons à la recherche d'une autre personne avec qui partager notre vie, formant ainsi un couple. Les couples peuvent ensuite se regrouper pour constituer une nouvelle collectivité. Puis, cette collectivité se développe pour inclure d'autres personnes, et un groupe familial est ainsi créé. Les membres de ce groupe familial cherchent alors à trouver de nouveaux membres, et une famille élargie est créée. Les membres de ces familles peuvent alors décider de partager ensemble des ressources et travailler avec les membres d'autres familles, et des associations sont ainsi formées. Les associations d'humains recherchant une connexion plus étroite et un sens plus profond à leur vie forment alors des associations spirituelles qui deviennent avec le temps des institutions religieuses, lesquelles élaborent des codes comportementaux pour les membres de ces associations. Cela engendre des groupes ayant des croyances religieuses similaires et s'unissant avec d'autres associations similaires, et c'est ainsi que les nations se forment. Les nations cherchent alors à nommer des dirigeants qui les aideront à adopter et respecter des lois qui seront en harmonie avec leurs croyances religieuses. Et puis, le processus d'expansion prend fin !

Il se termine parce que les individus commencent à croire que, même si ce sont eux qui se sont graduellement unis pour former de grandes nations, ils ont le sentiment d'avoir besoin de quelqu'un pour leur dire comment se comporter sur le plan individuel. Ce qui a débuté par un effort conjoint d'individus de partout dans le monde cherchant comment briller au plan individuel s'est désormais transformé en une grande collectivité sous le contrôle d'un groupe restreint d'individus ayant persuadé les autres qu'ils sont les mieux informés pour déterminer ce à quoi ils doivent aspirer en tant qu'individus !

Voilà la cause de la plupart de vos conflits mondiaux. Je souhaite aborder cette question parce que les âmes présentement incarnées sur cette planète, celles qui naissent aujourd'hui et celles qui viendront par la suite, désirent avant tout retrouver leurs pleins pouvoirs en tant qu'âmes ! Ce que je veux dire par là, ce n'est pas de lancer une révolution contre vos gouvernements ou vos institutions religieuses, bien que beaucoup d'entre vous se sentent appelés à le faire, mais plutôt de faire une « révolution » au sens du mot « rotation ». Je me réfère à la nécessité de revenir au cœur de ce qui a mis tout cela en branle, soit le désir d'être la version la plus sublime, aimante, débordante de compassion et de compréhension, et en expansion de vous-mêmes dans cet endroit et ce moment merveilleux.

Vous êtes tous venus ici pour grandir, pour vivre toutes sortes d'expériences, mais aussi pour apprendre à faire évoluer tout ce que vous pourriez éprouver en une mémoire cellulaire qui voit la joie et l'amour en toutes choses ! Lorsque vous vous écartez de ce but, vous en venez à chercher cette joie et cet amour dans l'approbation des autres. Vous cherchez d'abord à obtenir l'approbation de vos parents et des autres membres de votre famille, puis celle de vos amis, de vos professeurs et de vos chefs religieux, et celle de vos relations et de vos patrons, et enfin celle de votre gouvernement. Et à ce stade, vous cherchez l'amour et l'approbation de tous ceux qui viennent d'être mentionnés. Vous faites tout votre possible pour rendre tout le monde heureux et être la version de vous qu'ils s'attendent à ce que vous soyez. Telle est la nature de la société, mais pour que vous puissiez faire avant tout ce qui vous rend vraiment heureux, vous devez pouvoir vous rappeler qui vous êtes réellement au fond de vous et y puiser votre force et votre pouvoir.

Il est intéressant de noter que si l'on cherche où se trouve le centre d'un être humain, on constate qu'il est au milieu du corps. Bien des gens le désignent comme étant le *qi* ou encore le troisième chakra, mais aux fins de cet entretien, j'aimerais l'appeler le centre de pouvoir. Dans la technique d'exercice et de conditionnement physique connue sous le nom de *Pilates*, son fondateur a reconnu que les groupes musculaires allant de la cage thoracique jusqu'au bas des hanches étaient responsables de notre équilibre structurel physique. Cela représente, vu de l'extérieur, exactement ce qui se passe à l'intérieur. Vous communiquez énergétiquement avec les autres à partir de cette partie de votre corps et ainsi, lorsque vous absorbez une énergie ne correspondant pas à celle de votre centre de pouvoir ou de votre âme, votre cerveau le perçoit et fait de son mieux pour convertir cette énergie en quelque chose de similaire à votre énergie. C'est comme si vous deviez acheter un article de vêtement ou un sac à main conçu pour ressembler au modèle original créé par un grand styliste de mode. Il peut avoir le même aspect, la même fonctionnalité et même être fait d'une matière très semblable, mais ce n'est pas exactement la même, puisque quelque chose sera toujours un peu différent. C'est cette « petite différence » s'additionnant chaque fois qu'une personne absorbe l'énergie d'une autre personne qui finit par s'accumuler au fil du temps. Plus cette influence s'accroît, plus cette personne éprouve de la confusion quant à ce qui la rend vraiment heureuse. Elle en vient à identifier sa joie comme étant ce qui procure de la joie aux autres autour d'elle, soit les gens dans son cercle rapproché ou bien parmi toutes les autres personnes. Parfois, cela conduit à ce dont nous avons déjà parlé, soit la perte de l'âme.

L'élan et la résistance

Chacun ressent l'intrusion de l'énergie d'autrui puisque cela se produit constamment – en réponse à une invitation. La raison de ce phénomène est le besoin qu'éprouvent tous les humains de se sentir aimés et acceptés par les autres. Ainsi, lorsque vos besoins et vos désirs entrent en conflit avec ceux d'un autre humain, vous vous heurtez à une résistance énergétique. Au début, vous tenterez probablement de faire valoir votre point de vue ou bien vous ne dévierez pas de ce que vous ressentez dans votre âme – ce qui vous apporte de la joie – en affrontant la résistance. Essentiellement, vous résistez à la résistance, lui apportant ainsi votre énergie, ce qui lui donne encore plus de force. Cela ne fait qu'engendrer davantage de division et de séparation, ce qui provoque du ressentiment et encore plus de résistance. Certains disent parfois que ce à quoi l'on résiste persiste, et cela ne saurait être plus vrai ! Car dès que vous consacrez vos énergies à résister à une chose, essentiellement en refusant d'accepter ce dont une autre personne cherche à vous convaincre, vous cédez votre pouvoir à ce à quoi vous résistez !

Cela se produit également lorsque vous essayez d'accomplir des choses dans votre vie et que vous vous retrouvez face à diverses formes de résistance. Peut-être vous arrive-t-il souvent de vous trouver en difficultés financières, ou de vous quereller avec quelqu'un. Vous remarquez peut-être que vous ne semblez pas pouvoir établir de bonnes relations, ou peut-être toutes vos grandes idées semblent toujours tomber à l'eau longtemps avant qu'elles ne puissent être menées à terme. En somme, chaque fois que vous essayez de vous épanouir, quelque chose survient et vous oppose de la résistance, ce qui vous empêche de progresser !

Si cela vous laisse une impression de déjà-vu, alors je voudrais vous aider à mieux comprendre ce qui se passe. Chaque fois que vous cherchez à vous épanouir, vous devez vous engager dans une nouvelle direction afin d'échapper à vos limites actuelles. Par exemple, si vous cherchez à obtenir plus d'argent, vous prendrez les moyens nécessaires pour réaliser ce désir. Vous pourriez acheter un billet de loterie, ou peut-être vous trouver un emploi à temps partiel, ou peut-être même lancer une nouvelle entreprise à vocation spirituelle. Quelle que soit l'action que vous entreprendrez, cela mettra en branle un processus énergétique orienté vers la réalisation de votre désir. Nous appelons cela un élan. Voilà que vous consacrez vos énergies à transformer votre désir en une réalité. À présent, supposons que vous découvrez le lendemain que votre billet de loterie était non gagnant, ou que vous n'avez pas obtenu le nouveau travail à temps partiel souhaité, ou bien vous vous rendez compte que certaines choses se sont produites dans votre vie et que ce n'est peut-être pas le meilleur moment pour lancer une nouvelle entreprise. C'est ce que l'on appelle de la résistance. Cette résistance est une énergie qui n'existerait pas s'il n'y avait pas d'élan. De fait, il ne peut y avoir une énergie qui repousse s'il n'y en a pas d'abord une autre qui pousse !

La confusion naît lorsque vous cherchez à faire s'épanouir votre énergie. Supposons que vous êtes un jeune enfant et que vous voulez apprendre à grimper. Lorsqu'elle vous voit tenter de grimper sur une bibliothèque à la maison, votre mère, mue par le désir de vous protéger, vous crie de descendre de là et menace de vous punir si vous le faites à nouveau. Votre impulsion est le désir de connaître l'expérience de l'escalade, et votre résistance est la réaction de votre mère et sa colère. Vous désirez certainement son amour et son approbation, mais le besoin que ressent votre âme de voir des choses de plus haut (l'élan ou l'impulsion de faire cela) vous redonne l'envie de grimper, et vous le refaites. Cette fois, votre mère vous attrape et vous enlève de la bibliothèque afin de vous mettre en pénitence sur une chaise (ce qui augmente la résistance). Vous êtes si contrarié que vous décidez de résister à sa résistance, et vous descendez de la chaise au mépris de sa volonté ! À ce moment-là, votre mère crie en réaction à votre geste de défi et vous rassoit sur la chaise, ou bien elle vous envoie réfléchir dans votre chambre en vous promettant de vous enlever un privilège que vous aimez bien (sans parler de la perte de son approbation). Pire encore, elle peut vous lancer le proverbial « attends que ton père rentre à la maison », ce qui signifie que la résistance se poursuivra et que vous perdrez sans doute aussi l'approbation de votre père. Or, dans votre esprit d'enfant, vous réalisez que le plaisir de grimper ne vaut tout simplement pas la peine de subir toute cette résistance, et vous laissez donc tomber, ou bien vous apprenez à contourner la résistance en grimpant sur la bibliothèque quand maman et papa ne sont pas là !

C'est presque de la même façon que vous continuez à connaître des élans spontanés et de la résistance en tant qu'adulte. Vous avez une idée ou un plan, mais cette idée ou ce plan rencontre de la résistance et vous décidez de résister à la résistance, de renoncer à l'élan initial, ou bien d'adapter votre idée originale ou votre plan. Mais comme lorsque vous étiez un enfant, résister à la résistance ne fonctionne pas. Cela ne crée que plus de résistance encore.

Pensons maintenant à l'élan et à la résistance du point de vue de l'énergie. Imaginez-vous dans une voiture qui roule seulement à environ cinq kilomètres à l'heure. Maintenant, imaginez que vous ouvrez la vitre de la portière et sortez une main à l'extérieur de la voiture en mouvement, en plaçant la paume vers l'avant, face au vent. Vous sentirez une certaine résistance au vent sur votre paume, probablement juste une brise légère à cette vitesse, mais une certaine résistance néanmoins. À présent, imaginez que vous augmentez votre vitesse à 100 kilomètres à l'heure. Vous allez alors sentir une importante résistance au vent sur votre paume, et plus vous augmenterez votre vitesse, plus la résistance au vent augmentera, jusqu'à ce que votre main soit fermement repoussée par l'air. La vitesse du vent repoussant votre main est directement proportionnelle à celle de votre véhicule. Autrement dit, plus votre élan sera grand, plus la résistance ressentie augmentera! Imaginez cette fois que vous tournez votre main de côté au lieu de la placer face au vent. La résistance au vent diminuera sensiblement! La résistance au vent est la même, la taille de votre main est la même, et vous la tenez au même endroit, mais vous avez changé la position de votre main afin de pouvoir apprendre de la résistance et de vous y adapter.

Voici ce qu'il y a de plus intéressant au sujet de la résistance dans cet exemple. Elle est totalement invisible! Vous pouvez sentir une douce brise à 5 kilomètres à l'heure et puis sentir la force du vent à 100 kilomètres à l'heure, mais vous ne pouvez jamais voir la force de cette résistance. Le vent est l'un des plus beaux exemples pour illustrer ce qu'est la force. Il peut vous donner la sensation d'une douce brise caressante sur une plage tropicale, ou bien celle de puissants vents d'ouragan parfois si forts qu'ils peuvent soulever des toits et faire s'effondrer des bâtiments. Mais vous ne pouvez jamais VOIR le vent. Vous ne pouvez qu'en observer les effets. C'est exactement de la même manière que vous percevez l'énergie. Vous pouvez la sentir douce et modérée, ou puissante et inquiétante. Et votre perception dépendra de la façon dont votre cerveau décide d'interpréter l'information en se basant sur des perceptions antérieures d'expériences similaires.

Vous vous demandez peut-être pourquoi cela est si important. Ça l'est parce que, dans la nature, ce sont les espèces qui parviennent à s'adapter aux changements dans leur environnement qui arrivent à survivre et à croître. Les espèces qui croissent apprennent qu'elles ne peuvent pas uniquement lutter pour leur survie si elles veulent continuer à exister et à se développer. Elles doivent se « repositionner » afin de s'adapter aux conditions changeantes, tout en restant fidèles à leur nature première essentielle. Ainsi, tout comme dans l'exemple de votre main à l'extérieur de la vitre d'une voiture en mouvement, le simple fait de repositionner votre main vous a permis d'offrir une moindre résistance au vent et d'être porté par celui-ci. Dans certaines formes d'arts martiaux, la personne qui se défend utilise en fait la force de son adversaire contre ce dernier dans ses mouvements gracieux d'autodéfense. Et dans le cas d'un avion en vol, c'est en fait la force de l'air, circulant au-dessus et au-dessous de ses ailes, qui résiste à la force de la vitesse acquise grâce à la poussée de ses moteurs. Par conséquent, s'il n'y avait pas de résistance, il n'y aurait pas de vol, et les adaptations successives des différentes formes d'avions ont permis d'accroître leur vitesse, leur stabilité et la qualité de leur vol.

De la même manière, les êtres humains utilisent tous les jours l'élan et la résistance dans leurs schémas de pensée. Toutefois, là où la plupart des gens éprouvent certaines difficultés, c'est lorsqu'ils se concentrent sur les défis à relever dans leur vie, car ils ont alors tendance à se focaliser davantage sur la résistance que sur l'élan. Lorsque vous faites cela, vous donnez plus de force à la résistance ; au lieu de penser à des moyens de l'utiliser pour obtenir de la portance comme dans le cas d'un avion, vous considérez généralement la résistance comme un frein capable de vous empêcher de réaliser vos rêves, vos ambitions et ce qui vous passionne.

Voilà pourquoi il est si important de comprendre que s'il n'y avait pas un but à la résistance, elle n'existerait pas! De tout ce qui existe dans la création, il n'y a rien qui n'a pas un quelconque but précis. En ce qui concerne l'élan et la résistance, il est utile de prendre en compte ce qui suit :

- La première chose la plus puissante que la résistance vous apporte est la preuve qu'un élan créateur de mouvement existe. Il ne peut y avoir de résistance si rien ne tente de bouger.
- La résistance vous montre aussi qu'il vous faut peut-être adapter ou ajuster votre élan originel. Parfois, tout comme le fait de changer l'angle de sa main à l'extérieur de la vitre d'une voiture, le moindre changement dans vos plans peut donner l'occasion de créer encore plus d'élan et de «portance».
- La résistance vous montre que pour chaque action il y a une réaction égale ou supérieure, et que chaque action vous donne la capacité de répondre, vous adaptant ainsi à la résistance, ou de réagir, créant ainsi une résistance à la résistance.

La réponse versus la réaction

Il est très important de faire la différence entre la capacité de répondre et celle de réagir! Le premier cas se produit lorsque vous vivez véritablement dans le moment présent et que vous créez une réponse adaptée à chaque nouvelle expérience. Ainsi, lorsque vous sortez votre main par la vitre de la voiture et que vous décidez, pour la première fois, de la tourner dans un sens afin de réduire la résistance au vent, c'est là une réponse adaptative! Le mot «répondre» veut dire que quelque chose est offert en retour. Par ailleurs, le mot «réagir» provient d'un vieux mot anglais qui signifie agir en opposition ou contre une quelconque force. Ainsi, lorsque vous répondez à une situation, vous adoptez une façon d'agir offrant une pensée et une perspective nouvelle ou originale. Lorsque vous réagissez, vous entrez en opposition avec les actions d'une personne ou d'une force extérieure ; en d'autres termes, vous résistez à ce qui vous est fait. En outre, vous agissez d'une manière basée sur le fait que votre cerveau interprète une nouvelle expérience comme étant semblable à une précédente expérience. Ainsi, vous n'agissez pas, vous réagissez !

Imaginez un instant un scénario où une femme et son mari travaillent tous les deux et qu'après le travail la femme revient habituellement à la maison et fait la cuisine, étant entendu que son époux fera alors la vaisselle. Mais ce qui se passe d'ordinaire, c'est qu'au bout du compte, une fois le repas terminé, le couple finit par faire autre chose, comme regarder la télé, et le lavage de la vaisselle est reporté à plus tard. Le mari peut promettre de s'en occuper quand il se lèvera ou quand il rentrera du travail le lendemain, mais il y a toujours autre chose qui se présente et la femme ne cesse de se plaindre à lui de l'injustice de cette situation. Un jour, pour honorer les souhaits de sa femme, et afin que celle-ci se sente mieux et plus appréciée, le mari rentre plus tôt du travail afin de laver la vaisselle de la veille et commencer à préparer le repas. Lorsque l'épouse arrive dans la cuisine et voit la situation, son cerveau réagit immédiatement et lui fait dire : « Eh bien, il était grand temps que tu fasses la vaisselle sans que j'aie à te le demander. Et il ne faut pas utiliser cette casserole pour faire cuire les patates. Tu aurais dû m'appeler et me le demander. Et, de toute manière, que fais-tu à la maison si tôt après le travail ? As-tu été congédié ? » L'enthousiasme du mari se dégonfle, bien évidemment, car alors qu'il voulait simplement faire un geste d'amour – c'était toutefois trop peu, trop tard –, il a obtenu cette réaction, et à présent il se met en colère et lui rappelle toutes les autres fois où elle a réagi à ses belles actions de cette même manière. Tout ce qui se passe ensuite, ce sont des réactions ! Le mari réagit sur la base de vieux souvenirs de blessures passées. La femme réagit sur la base des blessures passées de choses demandées qui n'ont pas été faites, et elle pense qu'il a intentionnellement pris la mauvaise casserole, ce qui aurait pu être évité, insiste-t-elle, s'il l'avait appelée, ce qu'elle considère comme un autre manque de respect à son égard. Cela est basé sur de vieux souvenirs, inscrits dans ses cellules, où il lui a manqué de respect.

À présent, permettez-moi de restructurer autrement cette situation, en la basant sur la réponse plutôt que sur la réaction. Lorsque la femme a constaté que son mari ne faisait pas la vaisselle comme il l'avait promis, elle aurait pu l'aborder non pas en lui faisant part de sa déception devant son manque de participation aux tâches ménagères (résistance), mais en lui disant à quel point elle l'apprécie quand il est prêt à l'aider. S'il se sent apprécié pour les choses qu'il fait, cela le motive (élan) à faire ces choses. Ainsi, quand il a eu l'impulsion de faire la vaisselle et de préparer le repas, sa femme aurait pu répondre en lui montrant qu'elle appréciait son geste, ce qui l'aurait motivé à le faire plus souvent. Au lieu de cela, en laissant remonter de vieilles réactions et en critiquant ses actions en lui lançant qu'il était grand temps qu'il collabore, ou en lui reprochant son choix de casserole, elle déclenche ses réactions, sa résistance se heurte immédiatement à la sienne, et ce problème va maintenant s'aggraver et creuser un fossé encore plus grand entre eux. Chercher à offrir une réponse convenable au lieu de réagir ainsi aurait donc fait la différence entre créer un élan permettant de corriger la situation, ou bien provoquer une résistance ne faisant que les diviser encore davantage. Au final, les deux comportements finissent par s'adapter au problème original, mais tandis que l'un a pour résultat la paix, l'amour et la joie, l'autre provoque la colère, le ressentiment et la tristesse.

Répondre de manière adaptée et individuelle aux situations qui se présentent, plutôt que de réagir sur la base d'anciens souvenirs, est un choix responsable tirant parti de votre capacité à le faire. Lorsque vous agissez de façon responsable, cela ne signifie pas seulement que l'on peut compter sur vous pour faire ce qui est dans le meilleur intérêt de chacun, mais aussi que vous êtes capable, et que vous essayez autant que possible, de répondre à chaque situation dans la vie en ayant clairement conscience que c'est en fait une nouvelle situation et qu'elle mérite d'être abordée avec amour, compassion et compréhension. Lorsque vous êtes en réaction contre une chose, c'est tout le contraire qui se produit. Vous passez à côté et ne tenez aucun compte des circonstances de la situation se présentant à vous, et vous utilisez d'anciennes déceptions et de vieux ressentiments pour justifier les émotions du moment présent. Vous n'avez pas conscience de faire cela parce que le cerveau traite ces pensées en un clin d'œil. Mais vous prenez ces décisions en un éclair et, par conséquent, vous portez des jugements à la légère, rompant ainsi les liens d'amour et de compréhension, et tombant dans le ressentiment, la colère et la tristesse.

Je sais que la plupart des gens qui lisent ceci doivent penser avoir déjà vécu ces choses-là. Toutefois, il y a certainement des personnes qui réagissent en se disant : « Et si ce que je ressens était parfaitement juste et justifié ? Je devrais avoir le droit de dire à cette personne qu'elle m'a blessée et à quel point je suis déçue d'elle ! » Quand vous éprouvez ce genre d'émotion, une conversation responsable, remplie d'amour et de compréhension, pourrait s'avérer nécessaire. Vous estimez que l'autre personne crée une énergie conflictuelle qui, chaque fois, l'amène à vous renvoyer l'énergie que vous émettez. Comme l'énergie attire toujours à elle ce qui lui ressemble, si vous voulez cesser d'attirer à vous ce genre d'énergie, alors vous avez une merveilleuse raison de vous rendre plus responsable dans vos choix d'actions et de pensées.

Si vous en êtes arrivé à la conclusion que tout est énergie et que cette dernière est le résultat de l'interaction entre l'élan et la résistance, vous aurez également compris que ces deux forces peuvent être modifiées en adaptant la résistance ou l'élan, et que la résistance chez les humains peut généralement être mesurée selon qu'une personne répond ou réagit. À présent, nous en venons à l'application pratique de cette connaissance. Comment peut-on convertir l'énergie de la résistance en pouvoir ?

La résistance convertie en pouvoir

Plus haut dans ce chapitre, nous avons parlé de deux vérités bien réelles dont les effets s'expriment dans tout ce qui existe. En premier lieu, tout est énergie, et en second lieu, l'énergie peut être amenée à se contracter ou à se dilater si vous savez comment manipuler les effets de la résistance. Pour illustrer cela, pensons à de l'eau circulant dans des tuyaux de différentes tailles. La conduite d'eau principale de très grande taille enfouie au centre de votre rue peut, si elle est percée, projeter en l'air un geyser d'eau et inonder les rues avoisinantes. Le débit d'eau est directement proportionnel à la taille du tuyau. Alors, quand l'eau circulant dans cette conduite principale entre dans votre maison par un tuyau plus petit, et qu'elle circule ensuite dans des tuyaux encore plus petits, la force de l'eau est pour ainsi dire diluée. Lorsque l'eau arrive dans votre petit tuyau d'arrosage, elle n'a plus qu'une petite partie de sa force originelle. Et cette perte s'est produite entre la rue et votre maison ! C'est ce qui arrive avec le pouvoir de votre force de vie. Votre pouvoir, dans sa forme originelle, est vraiment immense. Si vous vous êtes déjà entendu dire que vous aimeriez retrouver ne serait-ce qu'une petite partie de l'énergie que possèdent les enfants, vous vous êtes alors rendu compte que ceux-ci exploitent un type particulier de pouvoir.

Ce pouvoir est l'énergie pure de leur âme qui n'a pas encore été diluée par la résistance des adultes. Toutefois, dès le jour où la plupart des enfants commencent à aller à l'école, on leur apprend qu'il y a des centaines de choses qu'il leur est interdit de faire, et très peu qu'ils ont le droit de faire. Ils ne sont pas récompensés quand ils excellent dans les choses qui sont importantes pour eux, mais ils le sont quand ils apprennent à se conformer aux désirs de leurs enseignants et de leurs parents. Analogiquement, ils délaissent ainsi l'énorme tuyau des possibilités que la vie leur offre et doivent se contenter du tuyau beaucoup plus petit de ce qui leur est permis, et ils s'y habituent puisque c'est ce qu'on leur inculque. C'est la même chose pour leurs frères et sœurs à la maison et pour tous leurs amis. Si vous vous rappelez comment c'était lorsque vous étiez tout jeune enfant, ou si vous êtes le parent d'un enfant, ou encore si vous en connaissez tout simplement un, notez à quel point tout est possible pour l'imagination d'un enfant. Si vous demandez à un enfant ce qu'il aimerait être quand il sera grand, il pourrait vous dire qu'il voudrait être une fusée ou un camion de pompiers ! Les enfants ne voient que les possibilités sans aucune restriction quant à la forme. Les adultes leur expliquent alors ce qui est possible et ce qui ne l'est pas, et c'est ainsi que commencent à s'additionner les restrictions qui vont teinter leur perception de la réalité physique. Au fil du temps, tandis que les enfants deviennent des adolescents, puis des adultes, ils deviennent conscients de nombreuses autres restrictions établies par tant d'autres dans leur vie et qui en viennent à faire partie de leur système de croyances à l'âge adulte. Le père de Gerry employait le dicton selon lequel « on ne peut pas combattre l'hôtel de ville », ce qui signifiait que lorsque l'on avait donné son pouvoir aux autres, et que c'était maintenant eux les chefs, alors il fallait respecter leurs décisions. Ce qui est intéressant, c'est que son père répétait souvent cela en parlant de la mère de Gerry, surtout quand ce dernier lui demandait de l'aider en prenant son parti et en lui permettant de faire une chose que sa mère lui avait déjà interdite.

Les enfants apprennent d'abord à manipuler ou à adapter la résistance par cette technique de négociation, qui peut se comparer à naviguer à travers des embûches. Ils en viennent à comprendre qu'offrir de la résistance quand on est confronté à la résistance parentale est inutile – tout comme l'enfant qui essayait de grimper sur la bibliothèque. Au lieu de cela, ils apprennent le concept consistant à «diviser et conquérir» ou à «offrir quelque chose que les parents veulent afin de les amadouer concernant ce qu'ils leur refusent». Dans le premier cas, un enfant fait en sorte qu'une autre figure d'autorité prenne pour lui afin de pouvoir obtenir ce qu'il aimerait bien avoir (soit maintenir son pouvoir). En faisant cela, l'enfant transpose la résistance en une nouvelle dynamique qui est désormais celle d'une lutte entre les deux figures d'autorité. Dans le second cas, l'enfant accepte d'offrir quelque chose auquel il résiste habituellement, comme ranger sa chambre, faire ses devoirs, le ménage, ou quelque chose du genre, en échange de quoi le parent accepte d'abandonner sa résistance à l'égard de la chose que l'enfant désire, comme se coucher plus tard. Cette négociation est une façon de garder du pouvoir et de dissiper la résistance en y mettant fin, en retour de l'obtention d'une autorisation.

Cette méthode de négociation ou de navigation devant la résistance ressemble à ce qu'un avion fait quand il est en route vers sa destination. Au début du voyage, le pilote sait exactement où il veut se rendre, et il définit ses coordonnées de navigation sur cette base. Mais, de temps en temps, il est possible qu'il constate que l'avion a dévié de sa route à cause du vent ou d'autres conditions météorologiques défavorables, ou même en raison de difficultés liées au trafic aérien. Le pilote doit alors rectifier le cap afin de compenser la résistance rencontrée et ainsi atteindre son objectif initial, soit un atterrissage sûr à la destination désirée. Tout au long de votre vie, vous constaterez que pour obtenir ce que vous désirez, vous devrez sans cesse négocier. Il vous faudra toujours offrir en contrepartie une chose qui pourrait faire votre bonheur, afin d'obtenir une autre chose qui vous rendra plus heureux. Lorsque nous étions enfants et que nous tentions de faire cela avec nos amis, peut-être en essayant de former des équipes pour un jeu de balle ou de fixer les règles de ce jeu, il pouvait nous arriver de concéder certaines choses afin d'en obtenir d'autres que nous souhaitions – ou bien nous décidions simplement de ramasser notre balle et de rentrer à la maison. Il en va de même pour les adultes. Certaines personnes forment des équipes appelées syndicats ou partis politiques. Ces équipes vont parfois ramasser le ballon et rentrer à la maison, et cela s'appelle une grève, ou peut-être une fermeture forcée du gouvernement. C'est le moment des négociations où la résistance a atteint un point où plus rien ne bouge et tout bloque. C'est la « ligne dans le sable » où les deux parties refusent de céder leur pouvoir. Dans les relations personnelles, c'est à ce moment-là qu'une rupture, une séparation, ou même un divorce peuvent survenir.

Ce que toutes ces situations ont en commun, c'est qu'elles concernent la vérité fondamentale selon laquelle tout pouvoir est malléable et tout dépend de la résistance rencontrée. Vous pouvez choisir d'essayer d'enlever du pouvoir aux autres, ou vous pourriez choisir de leur en donner afin d'obtenir quelque chose en retour. Vous pourriez aussi décider de vous accrocher au pouvoir peu importe ce qu'il pourra vous en coûter. Même en vous, vous pourriez donner du pouvoir à certaines anciennes façons de penser limitant votre liberté et l'image que vous avez de vous-même. Cela peut aussi se produire lorsque ceux qui vous entourent vous encouragent à être tout ce que vous pouvez être ! Pensez à une personne aux prises avec une dépendance – qui est une manière de donner son pouvoir à ce qui cause une dépendance. Elle peut avoir le soutien de gens merveilleux qui feraient n'importe quoi pour l'aider à récupérer son pouvoir, mais elle ne peut l'obtenir d'eux parce qu'ils ne peuvent pas lui donner un pouvoir qu'ils ne possèdent pas. C'est la cause de sa dépendance qui détient ce pouvoir.

Alors, comment l'humanité peut-elle apprendre à naviguer à travers les écueils du pouvoir de la résistance et apprendre à maîtriser ce pouvoir ? La réponse se trouve dans deux approches différentes. La première consiste à être très clair en ce qui a trait à ce que vous voulez réellement réaliser en créant un nouvel élan pour obtenir une chose en particulier. Et la seconde consiste à découvrir comment la résistance peut en fait vous aider à obtenir cette chose.

Dans le programme Soul Based Business, (gerrygavin.com/soul-based-business) que Gerry et moi enseignons, nous aidons les élèves à découvrir comment leurs croyances actuelles orientent l'évolution de leur vie. Pour ce faire, nous les aidons à approfondir les choses qu'ils aiment, tant chez les autres qu'en eux-mêmes, puis nous les amenons à établir le genre de vie qu'ils souhaitent le plus créer. Nous examinons également les difficultés que ces gens auraient pu rencontrer dans leur existence, afin de pouvoir les aider à identifier comment ils ont développé leurs forces à la suite de ces défis. Nous pouvons ainsi leur apporter notre aide pour orienter leurs efforts dans la direction où ils désirent réellement aller. En réimaginant leurs défis, en tenant compte des forces que ces défis leur ont permis de développer, ils ont alors la possibilité de réorienter leur vie dans une nouvelle et merveilleuse direction !

Pour savoir dans quelle direction vous entraîne votre élan actuel, il suffit d'examiner attentivement votre vie présente. Comment se passe-t-elle ? Êtes-vous satisfait de vos relations ?

Êtes-vous heureux dans votre emploi actuel ou dans votre entreprise ? Vous épanouissez-vous au sein de la communauté où vous vivez ? Si vous n'aviez aucune contrainte pécuniaire et si vous pouviez d'un coup de baguette magique créer la vie que vous aimeriez le plus, serait-elle identique à votre vie actuelle ou bien différente ? Et si vous l'imaginiez différente de votre vie actuelle, comment serait-elle ? Enfin, quels souvenirs aimeriez-vous que l'on garde de vous ? Qu'espéreriez-vous pouvoir accomplir au cours de votre passage sur la planète ? Qu'aimeriez-vous laisser derrière vous afin d'inspirer et de responsabiliser les autres ?

Une fois quc vous avez déterminé l'orientation actuelle de votre vie, vous pouvez commencer à examiner comment la changer. La première chose à faire est d'établir clairement vos valeurs. Souvent, la raison pour laquelle vous trouvez que l'élan soutenant vos actions est lent ou inexistant tient au fait qu'il est en porte-à-faux avec vos valeurs, ce qui veut dire que d'un côté vous créez un élan tandis que de l'autre vous créez de la résistance, de sorte que l'énergie est inerte. De fait, en créant des énergies opposées, elles s'annulent mutuellement. La plupart des gens ne se rendent pas compte qu'ils font cela parce qu'ils ne savent pas vraiment à quoi ils tiennent le plus. Afin de déterminer quelles sont les valeurs les plus importantes à vos yeux, vous pourriez répondre d'abord à quelques questions toutes simples. Il serait utile ici de prendre une feuille de papier pour y écrire les réponses aux questions suivantes :

1. Pensez à une personne dans votre vie que vous admirez, aimez et respectez vraiment. Qu'aimez-vous en elle ? Que respectez-vous chez cette personne ? Comment interagit-elle avec sa famille, ses amis, sa communauté ? Pliez votre feuille en deux verticalement, puis, dans la colonne de gauche, écrivez le nom de cette personne et énumérez sur

des lignes différentes les choses que vous aimez, respectez et admirez à son sujet. Ajoutez à cette liste des informations supplémentaires sur ses relations avec sa famille, ses amis et sa communauté. Dans la colonne de droite, cochez les qualités que vous estimez également posséder. Répétez cela sur une feuille séparée pour chaque personne dans votre vie que vous aimez et admirez.

2. Maintenant, sur une autre feuille de papier, pensez à une personne que vous admirez et écrivez les choses que vous sentez qu'elle admire chez vous, ou bien, si c'est possible, demandez-lui de vous dire, dans ses propres mots, ce qu'elle aime, admire et respecte chez vous. Posez-lui la même question sur la façon dont elle voit vos interactions avec votre famille, vos amis et votre communauté. Écrivez toutes ces choses dans la colonne de gauche. Dans la colonne de droite, cochez le nombre de caractéristiques que les autres admirent en vous – qui sont les mêmes que les choses que vous admirez aussi chez les autres. Cela vous montre comment les autres vous voient et ce qu'ils apprécient en vous. Si cela diffère de ce que vous admirez et appréciez le plus, vous savez maintenant ce que vous devez faire pour refléter vos valeurs dans vos actions et ainsi augmenter la vigueur de votre élan !

3. Dans son merveilleux livre *Les 7 habitudes de ceux qui réalisent tout ce qu'ils entreprennent*, Stephen Covey suggère un exercice très puissant dans lequel vous devez écrire votre propre éloge funèbre. La prémisse peut sembler plutôt lugubre, mais le but de l'exercice n'est pas de vous concentrer sur votre mort, mais bien sur votre vie ! En rédigeant votre oraison funèbre, vous imaginez qu'elle sera livrée par les trois personnes suivantes : un membre de votre famille, un ami et un membre de la communauté

où vous vivez. Vous l'écrivez en y abordant les choses dont vous aimeriez que chacun d'eux se rappelle de vous. Vous pouvez y aller vraiment sans fausse modestie afin de vous décrire non pas comme vous êtes en ce moment, mais plutôt comme ce qui serait la meilleure version de vous-même, celle que vous aimeriez vraiment être ! Ce que cet exercice vous aidera à découvrir, c'est comment votre élan intérieur pourrait prendre de l'essor afin que vous deveniez la personne dont vous aimeriez que les gens se souviennent. Cet exercice et le précédent sont extrêmement efficaces pour vous aider à voir les choses auxquelles vous accordez réellement de l'importance, afin que vous puissiez adapter votre élan intérieur et, espérons-le, diminuer en partie la résistance que vous rencontrez quand vos actions ne concordent pas avec vos valeurs.

Avoir une idée claire des choses les plus importantes pour vous est une première étape dans la création d'un nouvel élan, mais percevoir ses défis comme des tremplins vers son pouvoir intérieur est une autre merveilleuse façon de les transmuer en un nouveau pouvoir. Les défis perçus sont très importants pour la création d'un nouvel élan car le cerveau a de la facilité à s'en souvenir. Imaginez pour un moment le bureau de votre ordinateur et réfléchissez aux différents dossiers que vous avez créés afin de faciliter votre recherche des fichiers auxquels vous avez besoin d'accéder de temps en temps. Lorsque vous enregistrez un souvenir, cela ressemble beaucoup à un nouveau fichier s'enregistrant directement dans votre dossier de téléchargements. Le cerveau prend alors une décision quasi instantanée de déplacer ce souvenir vers une partie de votre corps où il sera stocké. Tout comme vous décidez de stocker des éléments du même type dans les dossiers que vous créez, le cerveau emmagasine ce qu'il perçoit comme des mémoires cellulaires semblables aux mêmes endroits dans votre corps. C'est ainsi que si quelqu'un vous a dit au début de votre vie que «vous avez toujours tout faux», alors le cerveau a probablement un dossier cellulaire intitulé «Échecs» ou «Commentaires blessants». Si le cerveau sent que ce souvenir aura un impact négatif sur votre bien-être, il est alors possible qu'il stocke ce fichier à un endroit difficilement accessible.

Le stockage des souvenirs dans la mémoire cellulaire s'effectue selon plusieurs catégories de souvenirs. Afin de rendre cela plus facile à comprendre, nous allons examiner uniquement les quatre catégories suivantes.

Première catégorie – Choses à garder à l'esprit. Il s'agit d'informations stockées que le cerveau estime cruciales pour votre bien-être et votre survie. Cela comprend chaque situation où vous avez été blessé, ou qui aurait pu vous blesser, sur les plans physique, émotionnel ou psychologique. (La seule exception ici concernerait le souvenir d'une chose vous ayant tellement fait de tort et ayant été si traumatique que son rappel pourrait causer plus de mal que de bien. Dans ce cas, ce souvenir serait transféré dans la quatrième catégorie.) Se trouve également stockée ici toute connaissance nécessaire pour prendre soin de vous-même et des autres, et utile à votre protection et à votre développement. C'est là que sont stockées, par exemple, toutes les informations utiles pour vos soins quotidiens et ceux de vos enfants, et relatives à vos moyens de subsistance, à vos relations ou à toute autre chose que vous considérez comme très importante. Les compétences de conduite automobile et autres automatismes y sont également stockés. Ces souvenirs sont habituellement emmagasinés dans les cellules et les tissus qui sont très proches de la surface du corps ou des terminaisons nerveuses, de sorte que l'on peut se les rappeler rapidement et efficacement.

Deuxième catégorie – Informations sauvegardées. Votre cerveau range dans cette catégorie les souvenirs qui ne sont pas essentiels à votre survie, mais qui pourraient s'avérer fort pratiques pour vous aider à naviguer dans votre vie. Par exemple, vous pouvez écrire sur des fiches les recettes de certains plats que vous aimez cuisiner, de sorte que vous n'avez pas à vous souvenir de tous les détails, mais vous pourriez classer dans la deuxième catégorie une chose que vous avez faite lors de la préparation du plat ayant mené à une recette réussie ou ratée. C'est aussi là où vous stockez les souvenirs de choses dont vous n'aurez peut-être pas besoin chaque jour, mais dont vous pourriez avoir besoin à l'occasion. C'est là que se retrouvent les compétences que vous n'utilisez pas tous les jours, mais que vous avez néanmoins acquises. Gerry n'est pas un électricien de métier, mais son père lui a enseigné des trucs utiles pour installer des fils électriques. Ces souvenirs sont rangés dans cette catégorie, car il vit maintenant dans une maison où il pourrait avoir besoin un jour de ce savoir-faire. C'est également là où vous allez stocker les noms et les numéros de téléphone de diverses personnes et d'autres informations que votre cerveau classe sous le titre « Cela pourrait être important un jour ! ». Ces informations sont enregistrées dans les cellules et les tissus situés un peu plus en profondeur dans le corps, mais elles sont toujours faciles d'accès.

Troisième catégorie – Souvenirs joyeux et de réussites. On pourrait croire que le cerveau aimerait conserver à portée de conscience les souvenirs joyeux ou de réussites, mais rappelez-vous que la directive principale que le cerveau se doit de respecter est de vous garder en sécurité et de vous aider à rester dans ce corps qui est la clé de cette incarnation. Par exemple, vous souvenir du virage dangereux sur la route où vous avez failli vous tuer, lors de vos vacances de camping en montagne, est un souvenir à classer dans la première catégorie. Les autres souvenirs de ces merveilleuses vacances sont relégués dans la troisième catégorie. Ce sont de précieux souvenirs à conserver, mais ils ne sont pas essentiels à votre survie ! Toutefois, le fait de vous souvenir de ce dangereux virage pourrait vous rendre plus prudent non seulement la prochaine fois que vous y circulerez, mais aussi dans tous les autres virages ! Il en va de même pour les souvenirs de réussites. Vous vous souviendrez de ces choses dans un recoin de votre tête, mais c'est votre peur de l'échec, alimentée par des souvenirs d'échecs passés, qui tend à orienter vos actions, beaucoup plus que votre exaltation liée aux succès passés ou votre désir d'en vivre d'autres. La joie va s'effacer dans votre mémoire beaucoup plus vite que la peur, et cela provient du fait que le cerveau doit faire tout le nécessaire pour survivre. Mais soyez assuré que tous ces bons souvenirs sont habituellement stockés dans une zone centrale du crâne et du cœur, et qu'il est possible d'y accéder pour fortifier votre pouvoir intérieur.

Quatrième catégorie – Souvenirs traumatiques ou potentiellement dommageables. Dans ses efforts pour vous protéger, votre cerveau demeure sans cesse vigilant afin d'enfouir rapidement en lieu sûr des souvenirs potentiellement dommageables, afin que vous ne puissiez y accéder facilement. Cela peut inclure des souvenirs traumatiques, des blessures physiques, des sévices physiques ou émotionnels, des souvenirs de honte, tout sentiment profond de perte ou de déception, et plus encore. Ces souvenirs sont habituellement enfouis profondément dans les muscles, les tissus ou les organes et ils sont très souvent entourés par des fluides (inflammation) ou des tissus qui les encapsulent. Le but de cette encapsulation est de rendre plus difficile la remontée à l'esprit conscient de tels souvenirs, vous empêchant ainsi de revivre ces expériences et peut-être de subir une perte de l'âme.

Mais parfois, les souvenirs peuvent passer d'une catégorie à une autre. Si un souvenir est lié à une chose importante pour votre sécurité ou votre survie, le cerveau va alors le rendre plus facilement accessible. Mais si le souvenir d'une expérience de survie est associé à un souvenir déprimant, ce dernier sera inévitablement lié à cette expérience difficile. Supposons que dans l'enfance vous vous soyez brûlé la main en touchant une casserole très chaude, après avoir pourtant été averti de ne pas vous en approcher, il se peut que vous n'ayez aucun souvenir de l'avertissement reçu avant de vous être brûlé. Mais vous allez relier à cette expérience le commentaire que l'on vous a dit après coup : « Qu'est-ce qui ne va pas chez toi ? Pourquoi ne fais-tu jamais attention ? » Ainsi, le souvenir de ce qui est important pour votre bien-être est à jamais relié à ce qui a directement porté atteinte à votre bien-être, soit l'idée que vous n'êtes pas capable de vous concentrer sur les choses importantes.

Les critiques que les autres vous adressent sont donc souvent inscrites dans la mémoire cellulaire et font partie de votre système de croyances. Ces dernières n'ont souvent rien à voir avec la vérité. En fait, la plupart de vos croyances sont basées sur des faussetés et des concepts limitatifs. Pour se libérer de ces pensées et croyances limitantes, il est donc important de commencer par les identifier, afin de déterminer où et quand une croyance s'est transformée en une mémoire cellulaire, pour ensuite les transposer dans une autre croyance plus puissante. Dans le programme Soul Based Business, nous en discutons également et la méthode que nous utilisons pour faciliter cette transposition de la mémoire consiste à examiner les expériences, réussites et défis de votre vie. C'est une méthode qui sert à créer une nouvelle focalisation sur votre véritable pouvoir intérieur. Voici comment nous faisons cela. À nouveau, il est préférable de mettre par écrit ce dont vous prendrez conscience à l'aide de ce qui suit :

1. Passez votre vie en revue par tranches de cinq années. Qu'est-ce qui vous passionnait tout ce temps ? Quelles sont les choses les plus amusantes et créatives que vous avez faites ? Quelles sont les choses que vous vouliez vraiment faire ? Quelles personnes vous ont empêché de réaliser ce qui vous passionnait ?

2. Si vous avez de la difficulté à vous en souvenir, demandez l'aide du Créateur ou de votre ange.

3. Ne vous laissez pas aller à blâmer qui que ce soit ou à vous fâcher contre ces personnes qui vous ont empêché de faire ces choses. Contentez-vous de les noter.

4. Lorsque vous aurez terminé, rappelez-vous des personnes qui vous disaient de ne pas faire certaines choses, ou bien qui vous encourageaient à les faire, et observez comment vous avez fait vôtres leurs propos, et à quel point leur voix résonne encore dans votre tête.

5. Remarquez comment bon nombre des blocages ayant été ainsi créés en vous l'ont été en raison d'une « forme différente d'amour » qui avait peut-être pour but de vous protéger de la déception, sur la base des systèmes de croyances de ces personnes.

Après avoir fait cela, pensez à ces mêmes cinq années et rappelez-vous quelles personnes dans votre entourage soutenaient vos passions et vos désirs, et ce qu'elles ont fait qui vous a donné le sentiment d'être plus puissant. Comment vous ont-elles soutenu et comment cela vous a-t-il fait sentir ? Comment vous ont-elles aidé à améliorer votre estime de soi et la création de vos valeurs ? Notez également ces informations pour la période appropriée. Examinez ensuite vos souvenirs de ces mêmes années et pensez cette fois aux gens qui ne soutenaient pas vos rêves, vos passions ou vos désirs. Quels gestes ont-ils posés et en quoi ont-ils ainsi affecté votre sentiment d'estime de soi et vos valeurs ? Notez tout cela comme vous l'avez fait pour les personnes vous ayant soutenu. Enfin, observez les forces que vous avez développées, tant en raison de l'aide reçue que des défis imposés. La plupart des gens se rendent alors compte que le manque de soutien les a autant fait progresser que l'aide dont ils ont profité, et parfois même plus !

Faire ces exercices vous aidera à discerner les autres voix qui ont influencé vos croyances. Connaître vos valeurs vous aidera à identifier la nature réelle de ces croyances, et reconnaître le fait que vous avez réussi à transmuter vos défis en forces vous aidera à voir à quel point vous êtes déjà fort et puissant ! Passer d'un sentiment d'impuissance à un sentiment de puissance implique un changement énergétique qui est souvent considéré comme étant surtout de nature spirituelle. Ce changement spirituel passe par trois états distincts dans lesquels vous êtes rempli de l'énergie de chacun. Ce sont le doute, la grâce et la foi.

Les humains vibrent à certaines fréquences selon à quel point leur champ est rempli ou non de certaines de ces énergies. Chacune de ces énergies est nécessaire et toutes interagissent réellement pour vous aider à former vos croyances, à localiser le pouvoir de vos pensées, et enfin à créer votre pouvoir personnel. L'humanité semble consciente que ces choses remplissent votre être. Il n'est pas rare d'exprimer ses doutes sur la façon dont une chose va arriver, ou d'apprécier la grâce d'une personne, et même d'avoir confiance que tout va bien se passer. Votre énergie se compose toujours de ces trois énergies qui se manifestent en raison de l'interaction entre votre conscience, votre cerveau et votre Moi supérieur.

Toutes les émotions qui émanent de votre conscience, de cette partie de votre âme, de votre Moi supérieur dont le rôle est de fournir l'énergie nécessaire à cette incarnation, proviennent d'une dimension d'amour pur, de compassion, de compréhension et d'empathie. Lorsque vos actions et vos valeurs sont guidées par ces valeurs profondes, vous êtes alors en totale cohérence avec votre véritable nature spirituelle et, ainsi, vous vibrez à la plus haute fréquence possible. Tous ceux qui vivent sur cette planète émergent de cette même dimension, car peu importe les différences apparentes dans les interprétations de chacun concernant le monde, vous en êtes tous véritablement issus ! C'est le doute qui vous fait passer de cette dimension d'amour à celle de la peur.

Le dictionnaire définit le doute comme un « sentiment d'incertitude ou un manque de conviction » ou encore, selon une définition archaïque, votre peur d'avoir peur... Même si l'usage du mot a pu changer au cours des siècles, l'énergie qui le sous-tend est la même ! Le doute, dans sa forme la plus simple, est l'équivalent de la peur. C'est l'incertitude que le cerveau éprouve à l'égard d'une situation dans laquelle vous êtes, et l'interprétation faite par ce dernier que cette situation pourrait être semblable à une autre vous ayant déjà fait souffrir.

Votre âme ne connaît pas le doute. Elle se sait animée d'une énergie d'amour éternelle et est consciente que tout ce que vous vivez sur Terre se terminera bien pour vous. Mais tout au long de cette expérience, votre cerveau doit affronter toutes les émotions complexes que vous ressentez et faire de son mieux pour vous aider à atteindre l'état de paix et de bien-être désiré. Quand votre conscience est entrée dans cette forme physique, vous ne connaissiez pas le doute. Les bébés sont si étonnamment courageux ! Ils essaient de sortir de leur berceau ; ils mettent tout dans leur bouche ; ils marchent sans hésitation vers le feu ; ils veulent jouer avec n'importe quel animal, qu'il paraisse féroce ou non ; et dans le cas de la fille de Gerry, elle a été jusqu'à mettre des pinces dans une prise électrique. Et même si ce fut une expérience choquante, ça l'a fait rire. C'est Gerry, à l'instar de ce que font tous les parents dans le monde, qui lui a appris à douter de son désir de jouer avec l'électricité, et à craindre cette expérience. Il lui a appris cela parce que son cerveau voulait la protéger et que c'était une chose qu'il avait lui-même apprise. La peur n'existe pas lorsque l'on vient de s'incarner. Elle doit être enseignée ou vécue. Dans de nombreuses cultures autochtones, on encourage les enfants à apprendre par l'expérience, plutôt que de se faire inculquer la peur par leurs parents. On leur permet de s'approcher du feu jusqu'à ce que sa chaleur les amène à réévaluer la situation selon ce qu'ils perçoivent avec leurs sens. Ainsi, ce n'est pas la peur qui les tient éloignés du feu, mais l'inconfort physique. Ils reculent alors parce qu'ils peuvent se tenir à une distance raisonnable du feu en se basant sur ce qui les rend heureux, plutôt que sur ce qu'ils craignent ! Leurs parents sont, bien sûr, prêts à intervenir s'ils s'approchent trop près du feu, mais il est peu probable que cela soit nécessaire parce que leurs sens entrent en action et que leur cerveau cherchera toujours à les maintenir à une distance raisonnable. C'est ce que j'espère arriver à vous transmettre grâce au contenu de ce chapitre. Mon désir est de vous aider à apprendre à passer naturellement d'une dimension de peur à une dimension d'amour en vous permettant de vous « éloigner » du feu de douloureux souvenirs cellulaires passés, en ayant l'assurance de savoir que vous êtes parfaitement capable de créer votre propre dimension de joie.

Si l'on examinait le doute d'un point de vue physique, on lui donnerait alors un nom différent. Le doute crée ce que l'on appelle de l'anxiété. Cette anxiété est essentiellement un sentiment d'incertitude. L'incertitude est avant tout une peur de l'inconnu, et puisque tout ce qui vous arrive dans la vie est le résultat de vos pensées et de celles des autres, alors clairement tout est inconnu ! La seule chose qu'il est donc en votre pouvoir de faire, c'est de répondre à ces pensées avec amour, compréhension, compassion et empathie. Et c'est cela, mes chers amis, votre véritable POUVOIR ! Lorsque vous éprouvez de l'anxiété, et que la peur de l'inconnu vous envahit, votre cerveau fait en sorte que tous vos sens soient en alerte afin de vous préparer à combattre ou à fuir ce danger potentiel, ce qui à son tour produit une hormone appelée cortisol. Le corps sécrète également une hormone appelée adrénaline, qui accroît votre préparation à ce danger potentiel en augmentant votre rythme cardiaque et celui de votre respiration (système nerveux central) afin de vous préparer à un effort physique extrême. Si cela peut sembler difficile à comprendre, pensez à un moment où vous avez échappé de justesse à un accident de voiture, ou à une chute, ou à un autre type de collision. Vous avez peut-être remarqué que votre corps a semblé réagir si rapidement pour éviter cet accident que vous vous êtes rendu compte que, sans y penser, vous avez simplement fait les bons gestes. Vos bras ont rapidement tourné le volant, et votre pied a enfoncé la pédale de freinage avant même que vous sachiez ce qui se passait. C'est lors de telles situations que toutes les forces potentielles de votre cerveau et des incroyables systèmes de votre corps travaillent à l'unisson !

Alors, chers amis, si vous doutez que ces choses soient la cause de votre stress, faire les exercices décrits plus haut vous aiderait certainement à développer une compréhension beaucoup plus claire de ce qui a vraiment de l'importance pour vous dans la plupart des aspects les plus stressants de votre vie. Ces exercices peuvent vous aider à apprendre comment adapter vos pensées et comment « retourner votre main » de sorte que les vents de la résistance soufflent désormais doucement sur vous plutôt que de vous repousser avec force. Cela aide à se rappeler que le doute constitue une résistance ! Et si toute forme de résistance est simplement une indication que vous avez créé un certain élan, alors le doute ne sera rien de plus que le cerveau prenant un moment de réflexion au sujet de l'élan et essayant de décider s'il y a des ajustements à faire pour soutenir cet élan, ou pour s'assurer qu'il correspond bien à vos valeurs. La cohérence avec vos valeurs sera probablement identique à la cohérence avec les désirs de votre âme et cela signifie que vous désirez sentir l'amour, la compassion, la compréhension et la joie de régner dans toutes vos expériences. Le doute tente de vous aider à voir si vos actions et vos relations reflètent les désirs de votre âme. La première étape pour éliminer les effets débilitants du doute consiste donc à aimer le doute ! Vous exprimez sur-le-champ une gratitude énergétique pour tout ce que vous aimez, et lorsque vous manifestez votre gratitude et votre amour envers votre doute, vous mettez fin automatiquement à la réponse de stress et déclenchez plutôt celle de l'amour. Grâce à cette dernière, vous libérez d'autres hormones telles que la dopamine, la sérotonine, l'ocytocine, la vasopressine et même l'adrénaline, mais cette dernière est alors sécrétée en réaction à votre excitation plutôt que sous l'effet d'une peur. Les autres hormones créent un sentiment d'expansion, de bien-être, d'attachement, de confiance et de proximité avec les autres humains. Voilà pourquoi on dit depuis des siècles que l'amour peut tout guérir, car il transforme réellement les choses au niveau cellulaire. De fait, toutes choses se produisent à un niveau cellulaire parce que tout ce qui existe sur les plans spirituel et physique est constitué d'une structure cellulaire ! Ainsi, en aimant votre doute, vous déclenchez réellement une toute nouvelle réaction ! Il y a une autre bonne raison pour aimer votre doute. Parfois, le doute peut déboucher sur une pensée et une compréhension élargies. Par exemple, en science, si l'on ne remettait pas en question tout ce qui nous semble vrai, il n'y aurait pas de découvertes. À un moment donné, malgré le fait que la Lune, le Soleil et tous les autres corps célestes semblaient avoir une forme ronde, les gens croyaient que la Terre était plate. C'est grâce au doute que l'on a finalement compris qu'en réalité elle est ronde. Chacun peut élargir ses croyances actuelles en les soumettant à l'épreuve du doute, ou bien s'en forger de nouvelles en réfutant les anciennes par le doute. Par conséquent, si vous aimez le doute et le percevez comme une simple réflexion momentanée sur votre élan, vous comprenez alors que le doute vous aide à développer votre pouvoir. Et vous le faites en ajustant votre pensée et en vous ouvrant à un autre type d'état et d'espace énergétiques – à un état de grâce !

Pour la plupart des gens, la grâce ou le fait d'être gracieux évoque l'image d'un humain en mouvement. On relie souvent cette idée à la danse ou à un sport, comme la gymnastique ou même le football, mais la compréhension la plus commune de la grâce est celle d'un mouvement qui est fait avec une telle fluidité qu'il semble absolument facile et dépourvu d'effort. Regarder une personne gracieuse rappelle aussi une telle fluidité. Elle donne presque l'impression que son corps bouge d'une manière qui n'est pas matérielle. C'est quelque chose d'immatériel ! Chers amis, voilà exactement ce qu'est la grâce. Elle est ce qui se manifeste quand une personne éprouve un tel sentiment de confiance ou une telle passion à l'égard de ce qu'elle fait que cela est transmué par l'énergie de l'amour et devient facile, dépourvu d'effort et totalement fluide. La grâce est cet état dans lequel le doute cède la place à l'amour. Ce faisant, le cœur devient totalement vulnérable à l'amour, et il s'ouvre à l'énergie fluide de la grâce qui se répand ensuite dans chaque cellule de votre corps, ainsi que dans votre esprit. Encore une fois, si vous cherchiez la définition du mot *grâce* dans un dictionnaire, vous verriez qu'il signifie plusieurs choses : d'avoir une élégance toute simple ou un raffinement dans le mouvement; de reconnaître le mérite d'une personne ou de l'honorer; de faire la grâce de notre présence à quelqu'un; de recevoir la grâce divine, non pas à cause de ce que l'on a fait pour en être digne, mais simplement parce que Dieu nous a donné cette énergie! Cette dernière définition est fort intéressante parce que l'énergie dont il est question est celle de l'amour! L'amour du Créateur existe dans toutes les formes de la Création et est toujours à votre disposition. Ce qui vous empêche parfois de le recevoir, c'est le doute. Cette pensée momentanée qui ajoute foi à l'idée que l'on ne serait pas tous reliés au Créateur; que les bonnes choses n'arrivent qu'aux autres; que personne n'a dit que la vie serait facile; ou toute autre croyance que vous avez entendue et faite vôtre. Je suis ici pour vous dire que vous êtes relié au Créateur, que la grâce est à la portée de chacun, et qu'il vous suffit de la DEMANDER!

La meilleure façon de se prouver à soi-même que l'on a déjà connu des états de grâce dans sa vie est de repenser aux choses que l'on a écrites dans les exercices précédents. Quand vous vous êtes élevé au-dessus des défis de votre vie, c'était parce que vous étiez rempli d'une énergie qui vous a permis de voir au-delà de ce qui semblait être de prétendues «vérités» dans votre vie. C'était parce que vous sentiez qu'il existe quelque chose de plus, de mieux, ou de plus puissant et plus merveilleux. Vous cherchiez à accéder à l'énergie du Créateur, qui est pleinement présente dans votre ange et votre Moi supérieur – et vous l'avez fait. En conséquence, vous avez élevé votre vibration et, à ce moment-là, vous vous êtes également élevé au-dessus de vos luttes.

Chaque fois que vous vous sentez dans ce que l'on pourrait appeler le flux naturel de la vie, vous êtes dans un état de grâce. Parfois, pour y arriver, il vous faut apprendre à aimer vos défis, votre résistance, vos doutes, et même vos peurs.

C'est à force de vous y exercer que vous y parviendrez ! Tout comme lorsque vous pratiquez une danse encore et encore, vous arrivez finalement à un tel degré d'aisance que vous ne pensez plus à la façon de faire cette danse appelée la vie – vous dansez simplement avec grâce, dans la joie et avec votre style personnel et votre interprétation de votre nouvelle vérité. Vos anciennes croyances cèdent alors la place à de nouvelles certitudes et vous constatez qu'en aimant vos défis et votre résistance, vous accédez à un nouveau pouvoir. La reconnaissance de ce fait vous aidera à voir que si ce processus a fonctionné dans le passé et fonctionne à nouveau aujourd'hui, assurément il fonctionnera encore demain ! Le fait de croire en une bonne chose qui ne s'est pas encore produite est souvent appelé la foi, et le fait d'être rempli de cette énergie à la suite d'un afflux de grâce fait de soi un être fidèle !

Et être fidèle, chers amis, c'est-à-dire avoir une foi débordante que non seulement votre vie est remplie de choses merveilleuses, mais qu'il en est aussi de même pour tous les êtres vivants sur cette planète, est le moyen parfait pour faire de ce monde un lieu d'amour et de moindre résistance. Pensez à tout ce que vous avez appris jusqu'ici. Si l'on transpose ces leçons individuelles à l'ensemble de la planète, elles vont fonctionner exactement de la même manière. Vous faites tous partie d'une énergie collective. Comme on l'a mentionné plus tôt dans ce livre, cette énergie collective peut atteindre une telle intensité qu'elle peut construire des murs autour de chacun de vous, sur la base de votre croyance en vos différences, ou bien vous pouvez construire des ponts, des chemins de fer et des aéroports et une foule d'autres moyens pour vous relier les uns aux autres. Il est facile de sentir que quelqu'un ou quelque chose a fait dérailler votre élan. Il est encore plus facile de pointer un doigt accusateur vers autrui, plutôt que de s'efforcer de comprendre ce qui a vraiment de la valeur à vos yeux, de déterminer si votre vie est compatible avec ces valeurs et de demander la grâce divine afin de guérir cette faille intérieure. Telles sont les choses qui finiront par apporter la paix sur votre planète ! Si vous regardez tout au fond de vous afin de discerner ce que vous désirez vraiment, vous découvrirez alors que ce désir de paix qui est en vous est, en fait, le même pour toute autre personne en ce monde !

Dans un merveilleux livre intitulé *Beyond Willpower*, le Dr Alexander Loyd exprime un concept très intéressant que je vous offre maintenant. Imaginez que, comme par magie, un génie apparaît devant vous et vous dit que vous avez 30 secondes pour exprimer un souhait qu'il réalisera pour vous. Cette chose peut être aussi grandiose et fabuleuse que vous le désirez, mais vous n'avez droit qu'à un seul souhait, et les secondes commencent alors à s'égrener 29... 28... 27... ! Cela oblige les gens à penser à la première chose qui leur vient à l'esprit, et la plupart du temps il s'agit d'argent ou d'une autre chose liée à la sécurité. Quand Gerry a fait cet exercice, il a exprimé le souhait d'avoir cent millions de dollars américains ! Plus loin dans son livre, le Dr Loyd demande aux gens de dire ce qu'ils feraient avec l'argent qu'ils auraient, si tel était leur souhait, et Gerry a alors énuméré de nombreuses choses qui apporteraient de la sécurité aux membres de sa famille, et décrit comment cela lui permettrait d'aider les autres et de diffuser mes messages partout dans le monde sans jamais avoir à s'inquiéter de l'argent ! Gerry s'est finalement rendu compte que ce qu'il souhaite par-dessus tout, c'est la sécurité, l'amour, la tranquillité d'esprit, la liberté et la capacité de répandre plus largement ces vérités dans le monde entier ! La plupart des gens considèrent ce processus comme un moyen pour parvenir à une fin, et pour Gerry, obtenir cent millions de dollars faisait donc partie de ce processus. Mais c'est en vous focalisant sur vos buts, sur les véritables motifs de vos actions, sur les choses qui ont le plus de valeur à vos yeux, et sur la vraie raison de votre élan que vous attirerez à vous les énergies qui permettront la manifestation de ce qui vous tient réellement à cœur ! Et même si vous croyez que votre façon de penser peut être différente de celle des autres humains ailleurs dans le monde, soyez assuré que vous cherchez tous la même chose. Ces désirs universels de paix, d'amour et de liberté sont chers au cœur et à l'esprit de tous les humains au début de leur vie, mais par la suite leurs doutes les font basculer dans la peur puisqu'ils ne perçoivent pas leurs doutes comme de simples pauses introspectives, car ils ont plutôt appris à les voir comme des croyances empoisonnantes. Et la seule façon de combattre la peur est de l'aimer quand elle se manifeste, de reconnaître qu'elle vous a bien protégé, et de la confier à votre Moi supérieur.

Tout ce que vous cherchez est là devant vous. Aimez votre élan ; aimez votre résistance ; aimez vos forces ; aimez vos défis ; aimez votre corps ; aimez votre cerveau ; aimez ceux qui vous ont aidés ; aimez ceux qui vous ont fait du tort ; aimez vos doutes ; aimez vos peurs ; aimez tout, car vous êtes une partie de tout ce qui est, et en aimant tout ce qui est, vous vous aimez vous-même !

Épilogue

De nombreuses questions surgissent lorsque vous vous efforcez d'écrire un livre ayant pour finalité d'aider l'humanité à réinventer sa conception et son approche de la vie. Ce livre n'est pas un texte exhaustif destiné à vous enseigner comment naviguer au mieux durant les prochaines années. Il a pour intention première de faire bouger les choses et d'amorcer un processus de changement.

Durant la dernière décennie, des livres passionnants ont été écrits sur la puissance de l'intention et la loi d'attraction. Le problème est que la plupart de ceux qui ont lu ces livres n'osaient pas appliquer de tels concepts pour aller de l'avant car ils continuaient à se considérer comme des êtres limités et mettaient en doute les conseils d'autres humains, faillibles par nature à leurs yeux. En établissant un dialogue direct entre un ange et des humains, nous espérons pouvoir poursuivre cet échange et, ce faisant, contribuer à offrir un soutien spirituel, une direction et, bien sûr, de l'amour !

Vous devez comprendre que le Créateur a donné pour mission aux anges de vous porter assistance, mais uniquement à votre demande. Comme je l'ai mentionné déjà, le fait de lire cet ouvrage équivaut par essence à une demande d'assistance de votre part qui nous permettra ensuite d'amplifier l'énergie de vos vies de manière que vous puissiez vivre pleinement, ce qui vous aidera à élever votre vibration. Sachez qu'en agissant ainsi vous ajouterez à l'énergie de cette planète. Cela peut vous sembler quelque peu tiré par les cheveux, mais avant de vous prononcer, considérez la situation qui suit. Imaginez que vous écoutez la radio ou regardez la télévision dans votre maison et que le volume sonore est à son maximum. Un message haut et clair proviendra donc de votre maison ou de votre appartement. Imaginez maintenant que d'autres personnes de votre voisinage entendent ce que vous diffusez et que dix d'entre elles commencent à écouter la même chaîne ou la même station au même volume. Bientôt, tout votre voisinage sera bercé par cette émission. Percevant le faible son provenant de votre maison, les voisins plus éloignés seront piqués par la curiosité et se brancheront à leur tour pour mieux entendre. Au bout du compte, un groupe très important écoutera la même émission, qui deviendra par le fait même une tendance ou un succès d'audience.

À cet égard, je citerais une de mes expressions favorites, que les humains emploient souvent : « Ce n'est pas sorcier ! » Cela décrit une situation qui semble extrêmement simple par opposition à l'habitude que vous avez prise de vous compliquer la vie à l'extrême et d'une multitude de façons.

Il y a plusieurs années de cela, une phrase très populaire faisait fureur : « Tout ce que j'ai appris sur la vie, je l'ai appris à la maternelle. » Le message implicite ici était qu'on enseignait à vos enfants des valeurs fondamentales telles que le partage, la courtoisie, le refus de se moquer des autres et le respect des différences. Si aujourd'hui encore vous viviez en fonction de ces simples règles, vos vies seraient grandement facilitées.

J'ai développé des concepts très complexes qui s'enracinent dans des vérités toutes simples. Il est possible pour chacun de nous de vivre comme s'il ne faisait qu'un avec les autres. La paix est possible, la santé est possible, l'amour universel est possible, l'éradication de la pauvreté est possible, la guérison de la planète est possible. Et découvrir que nous sommes tous fils et filles du Créateur est possible. Tout cela est possible à condition de revenir à des vérités essentielles – celles-là mêmes que vous enseignez à vos enfants – et de reconnaître que les pensées sont à la base de toute création. Ceci n'est que le début de notre conversation. J'ai demandé à Gerry de continuer à vous parler dans le blogue que vous trouverez dans son site, à www.gerrygavin.com. Vous y trouverez aussi le lien vers sa page Facebook, où vous pourrez envoyer vos commentaires. J'ai également demandé à Gerry d'organiser des réunions publiques et sur le Web au cours desquelles vous pourrez poser des questions personnelles ou de nature plus globale qui vous permettront de ressentir la profondeur de ces vérités dans votre cœur et dans votre âme. Vous y trouverez aussi des informations sur toutes les techniques d'élévation de la vibration que j'ai abordées dans les chapitres précédents, ainsi que les coordonnées de personnes travaillant étroitement avec Gerry dans ce domaine.

J'espère pouvoir rencontrer tous ceux qui lisent ces mots, leur parler de façon plus suivie par l'entremise de Gerry et connaître leurs joies et leurs soucis. J'espère aussi que vous saurez prendre contact avec vos anges et échanger avec eux car ils aspirent à une communication plus profonde.

N'oubliez pas de penser au monde que vous aimeriez créer car c'est exactement ce que vous obtiendrez !

Allez en paix.
Avec tout mon amour,

Margaret

Remerciements

Derrière chaque livre se cachent de nombreuses personnes grâce à qui ce rêve devient réalité. Elles peuvent être directement impliquées dans le processus de création – ou elles peuvent apporter l'amour, l'attention et le soutien nécessaires pour que l'auteur puisse aller au bout de sa démarche. Il y a tant de gens que j'aimerais remercier, qu'il est possible que j'en oublie certains. Voilà, c'est parti…

Gail, je te dédie ce livre, mais je tiens aussi à te remercier de m'avoir familiarisé avec les idées, les lieux et les gens qui ont contribué à faire de moi, directement ou indirectement, ce que je suis devenu aujourd'hui. Certains affirment qu'il y a une femme derrière la réussite de chaque homme, et c'est tout à fait vrai dans mon cas. Tous mes succès sont les tiens. Chaque jour, je ressens ton influence que je chéris juste pour voir ce que tu me réserves !

Avant de rencontrer Gail, il y avait déjà deux femmes très importantes dans ma vie. Bien qu'elles puissent m'être reconnaissantes de les avoir élevées, je suis heureux qu'elles aient grandi à mes côtés. Aucun père n'aurait pu être plus comblé que je l'ai été avec deux filles comme vous, Tiffany et Melissa.

Vous avez traversé des moments difficiles, mais vous êtes aujourd'hui des femmes, des épouses et des mères au grand cœur, dotées d'un sens de l'humour étonnant et de fabuleuses personnalités. Je suis fier d'être votre père. Je n'oublierai jamais ces journées où je faisais le ménage en écoutant Earth, Wind and Fire et Steely Dan, ainsi que ces soirées ahurissantes où nous allions assister, toutes générations confondues, aux spectacles de Grateful Dead. Je sais que les anges veillent sur vous et sur mes merveilleux petits-enfants, Ian, Ryan et Kyla, qui prolongent votre amour en ce monde et dans mon cœur. Je vous aime tant! Toutes mes pensées vont aussi à John Greene et David Medina. Il est dur pour un père de voir des hommes entrer dans la vie de ses filles, mais je sais que vous serez toujours là pour offrir votre amour et votre soutien. Pour cela, je vous aime et vous confie la destinée d'une merveilleuse famille.

À ma mère et à mon père, Julie et Tom Gavin, qui nous ont quittés, mais qui continuent aujourd'hui à me soutenir de la même façon qu'ils le faisaient hier lorsqu'ils étaient encore en vie. Vous étiez de formidables parents. Mes frères et moi vous remercions pour la vie que vous nous avez offerte et pour l'inspiration et le courage que vous m'avez transmis, ce qui m'a d'ailleurs poussé à écrire ce livre. À mes frères mentionnés ci-dessus – vous m'avez enseigné tant de vérités sur la vie! Lorsque je fais le point sur ce que je considère comme mes qualités, je me rends parfaitement compte que ce sont mes grands frères qui me les ont inspirées. Je vous aime tous les deux, et dans cet amour j'inclus aussi mon autre frère, Jim. Tu as rejoint notre famille plus tard dans nos vies, mais tu nous as apporté tant d'amour et de joie que j'ai le sentiment que tu étais là dès le départ. Merci à vous trois! À ma belle-sœur, Judy Gavin, qui nous a quittés bien trop tôt, mais qui a apporté l'amour à mon frère Tom et à tous ceux qu'elle a côtoyés. Tu étais si spéciale, Judy. Tu nous manques infiniment et nous ne t'oublierons jamais. À ma nièce, April-Anne, qui me donne parfois l'impression d'être un héros ; le surnom que tu m'as donné, oncle G-Rod, me fera toujours sourire !

Sur mon chemin de vie, j'ai eu la chance d'être adopté par une autre famille qui m'a accueilli à bras ouverts. Un grand merci à mes filles adoptives, Amanda et Courtney, et à mes petits-enfants Max et Sarah. Merci d'avoir fait en sorte que je me sente si spécial, de m'avoir tant soutenu et d'avoir partagé vos vies avec moi ! Merci également de m'avoir associé à votre pratique de meneuses de claques, à vos défis de crânes rasés, à vos merveilleuses fêtes thématiques et à votre écriture inspirée. Merci aussi à Vinny Emmolo, le nouveau membre de la tribu. Merci, Vinny, de m'aider à avoir le contrôle de la télévision pour assister à au moins un match de football par saison et pour ta capacité à rendre une bonne plaisanterie encore plus amusante.

Après avoir remercié les membres de ma famille adoptive, j'aimerais citer deux personnes qui ont apporté une grande joie dans ma vie. David Anderson, sache qu'il n'y en a pas deux comme toi dans ce monde. Je souris rien qu'en prononçant ton nom. Tu es brillant, amusant, aimant, attentionné et tu es un artiste étonnant. À mes yeux, tu es semblable à un ange qui attendrait son heure pour éclater de rire. Merci pour tout ce que tu fais et pour tout ce que tu es. Mille mercis aussi à Dot Yurkiewicz, la *cowgirl* adolescente et adepte de rodéos à dos de taureau qui est devenue par la suite une mère surprotectrice puis une grand-mère – je t'ai aimée comme si tu faisais partie de ma famille. Merci d'être mon supporteur, mon amie et ma deuxième mère. Le paradis est devenu plus amusant le jour où Dot Cole en a franchi les portes.

J'aimerais aussi mentionner Ted Kozick, qui m'a toujours encouragé à poursuivre ce travail et qui a cru en moi bien avant que je n'y croie moi-même. Depuis que tu nous as quittés, tant de choses surprenantes se sont passées qu'il m'est difficile de croire que tu ne tires pas les ficelles d'en haut pour nous soutenir. Tu nous as enseigné à tous que c'est d'amour dont nous avions besoin. Mes remerciements incluent Pat, ta merveilleuse femme. Je suis très honoré que tu aies pu me considérer comme ton frère. Et je suis tout aussi honoré d'avoir une sœur comme Doris O'Donnell, qui apporte un rayon de soleil à chaque réunion familiale. Toi, Doris, et ton mari Tom, vous adorez prendre part aux conversations; j'espère que vous serez fiers de ce livre et qu'il vous inspirera de nombreux sujets de conversation.

Une mention spéciale à Barry et Jean Yurkiewicz du Bar J Café, les fournisseurs officiels de *La présence des anges*. La qualité de vos plats et votre sens de l'humour ont abondamment nourri mon corps et mon âme. Je suis chanceux que vous fassiez partie de ma famille, de mes amis et de mon voisinage.

Aux enseignants qui ont cru en moi et m'ont encouragé, inspiré et initié à la connaissance sous toutes ses formes – Lanee McLaughlin, Albina Godlewski, Joanne Rossi, Susan Ruth, Black Elk, Michael Harner, Sandra Ingerman, James Redfield, Neale Donald Walsch et Ted Andrews. Récemment, j'ai été particulièrement inspiré par le travail de Jeffrey Howard et Christine Kloser, qui ont créé deux programmes admirables fondés sur une approche spirituelle, dont la vocation est de changer l'état d'esprit de ceux qui évoluent dans le monde des affaires et, ultimement, de tous ceux qui veulent changer le monde. Je les ai rencontrés au bon moment et j'espère qu'un jour je pourrai leur rendre au centuple ce qu'ils m'ont apporté.

Mes humbles remerciements s'adressent évidemment à mes guides spirituels, Margaret, White Feather et Metume, qui ont fait preuve d'une grande patience à mon égard et qui m'ont guidé lorsque je vivais ces expériences fabuleuses. Jamais je n'aurais pu imaginer que ma vie emprunterait un jour une voie si mystique et si merveilleuse.

À mes amis, mes anges officiels, qui m'ont soutenu sans faillir et de toutes les manières possibles, Tara Arnold, Michelle Ruhmann, Chris Olsen, Grace Anastacio, Patricia DeFazio, Grace Poli, Doreen Messina, Kathy Wager, avec une mention spéciale à Preston « PJ » Bergen et Don Burkett. Ce livre n'aurait pu voir le jour sans vous.

Merci à mon éditrice, Megan Finnegan, qui a patiemment corrigé ma grammaire et m'a aidé à canaliser les mots de façon qu'ils coulent plus librement, et ce, seulement quelques jours avant son mariage ! Merci à Lesley Siegel pour la conception de mon site Web et pour tout ce qu'elle m'a appris sur l'univers numérique. Un merci particulier à ma fille, Tiff, qui pourrait être réviseure chez un éditeur et qui m'a apporté son soutien indéfectible et son œil de lynx.

Merci à la stagiaire, Magdalena Burnham, qui a assuré la promotion de mon livre. Un grand merci à Jill Mangino, qui m'a présenté à Balboa Press et m'a poussé à trouver les mots justes. Merci également à son assistante, Ginger Price, qui a travaillé d'arrache-pied pour organiser les entrevues avec des journalistes de la presse écrite et de la radio sans jamais perdre sa bonne humeur ! Je remercie aussi Sandy Powell de Balboa Press, qui m'a toujours soutenu, guidé, encouragé et motivé.

Merci à Karen Noe, auteure chez Hay House après un passage chez Balboa Press, qui m'a soutenu sans ciller et a partagé avec moi l'excitation de cette expérience. Merci à Siobhan Hutchinson pour sa foi et son soutien et pour nous avoir présentés à tant de gens nouveaux.

Merci aux chauffeurs d'autobus d'Academy Bus Lines, qui conduisent tellement en douceur et avec tant de maîtrise que j'ai pu écrire et corriger une bonne partie de ce livre chaque jour, tôt le matin et tard le soir, en faisant la navette entre Jackson et Manhattan.

Mes remerciements les plus chaleureux vont à Ariel et Shya Kane, qui ont aidé des milliers d'individus et de couples à surmonter leurs épreuves et qui ont fait connaître Margaret aux dirigeants de Hay House. J'adresse aussi mes remerciements très spéciaux à Alexandra Gruebler, l'ange qui représente Hay House à Londres, car elle a su prendre ce livre sous son aile pour répandre les mots de Margaret partout sur la planète, avec l'assistance de Marion Bardou et Monica Meehan.

Naturellement, je remercie sincèrement l'équipe de Hay House : Louise Hay, auteure du premier livre que j'ai lu sur l'entraide et la guérison, qui a eu suffisamment de vision à long terme pour créer une entreprise aussi novatrice ; Reid Tracy, qui a su porter cette vision vers un auditoire international en prouvant qu'une entreprise intègre pouvait réussir haut la main ; tous les membres de l'équipe qui ont réussi à mettre ce livre sur le marché en un temps record : Margarete Nielsen, qui relie tous les éléments complexes de cette merveilleuse entreprise ; Shannon Littrell et Patrick Gabrysiak, qui ont amélioré cet ouvrage en suivant un processus éditorial rigoureux mais très ludique ; Christy Salinas pour sa direction artistique et Tricia Breidenthal pour les illustrations et la superbe couverture ; ainsi que les équipes Web et marketing : Gail Gonzales, Heather Tate, Darcy Duval, Donna Abate, Dani Riehl, Wioleta Gramek, Melissa Brinkerhoff, Muni Syed, et Diane Ray ; le publicitaire, Erin Dupree ; le directeur des ventes, John Thompson et le directeur national des ventes, Arron Alexis, qui ont fait le nécessaire pour que ce livre se retrouve dans toutes les bonnes librairies ; et enfin Shannon Baum, Stacey Smith, et C. J. Juarez, qui m'ont tant aidé à comprendre la dimension commerciale du métier d'auteur.

J'espère que je n'ai oublié personne ! Je remercie de tout cœur chacun d'entre vous !

À propos de l'auteur

Gerry Gavin est conférencier, coach de vie, médium et auteur. Il est également le créateur du très réputé atelier «Anges et shamans» (gerrygavin.com/education), qui met les participants en communication directe avec leur ange et leurs guides. Il est l'animateur de la très populaire émission de radio hebdomadaire internationale, *Messages from Margaret* (hayhouseradio.com) dans laquelle il canalise l'ange Margaret afin de répondre aux questions des gens qui appellent, et dont la vie s'en trouve ainsi transformée. Il canalise aussi Margaret pour des lectures personnelles et aide d'autres personnes à reconstituer des fragments perdus de leur âme par un processus appelé « Soul Reclamation ». *Une note intéressante pour notre lectorat de la France. La lignée française de Gerry, du côté de sa mère, remonte au 17e siècle et son grand-père, Emil Naeger, est commémoré comme un héros à La Grande Fontaine en raison de son exécution par les soldats allemands pour ses actes de résistance pendant la Première Guerre mondiale.*